윌리엄 해즐릿의 자화상, 1802년경

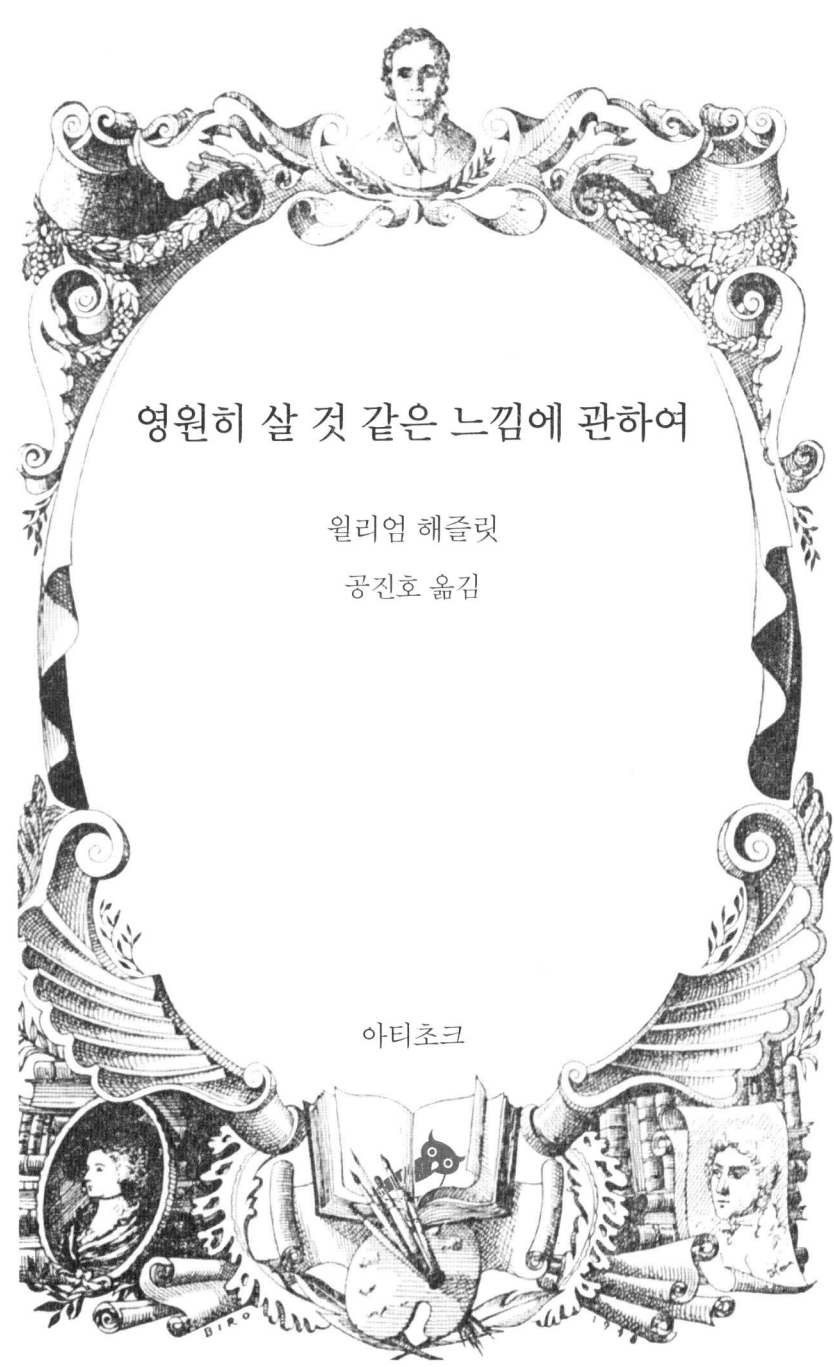

영원히 살 것 같은 느낌에 관하여

윌리엄 해즐릿

공진호 옮김

아티초크

일러두기

1. 단행본은 『』, 시와 단편 등은 「」, 잡지와 신문, 공연은 《》, 미술품 등은 〈〉로 구분했다.
2. 번역은 주로 P. P. Howe가 편집한 The Complete Works of William Hazlitt in Twenty-One Volumes, Centenary Edition(1933)을 저본으로 삼았다. (원주)로 표기한 것 외에는 모두 옮긴이의 주다. 셰익스피어와 관련해서는 주로 조나단 베이트가 편집한 William Shakespeare: Complete Works(2007) 및 Arden Shakespeare 원서를 참고했다.

차례

옮긴이의 말 영원할 것처럼 사랑하고, 영원할 것처럼 꿈꾼다   11

진부한 비평가에 관하여   27
온화한 사람의 두 얼굴   39
종교의 가면   55
인격을 안다는 것은   65
돈 없이 살아간다는 것은   101
인도인 곡예사   139
영원히 살 것 같은 느낌에 관하여   177
병상의 풍경   195

연보   207

옮긴이의 말

영원할 것처럼 사랑하고, 영원할 것처럼 꿈꾼다

공진호

윌리엄 해즐릿은 탁월한 에세이스트이자 문예 비평가로 널리 알려져 있지만, 그의 격조 높은 문장 이면에는 강력한 정치적 신념이 자리하고 있다. 그는 19세기 초 보수적인 영국 사회에서 급진적 공화주의자[1]로서 자유, 이성, 개인의 권리를 옹호하며 시대의 흐름에 맞서 싸웠다. 해즐릿의 정치적 사상은 그의 에세이 곳곳에 스며들어 있으며, 그의 글은 단순한 사유를 넘어 저항의 언어로 기능했다.

---

1 공화주의자는 단순히 왕정을 반대하는 사람이 아니라, 자유와 공공선, 시민 참여를 중시하는 정치적, 윤리적 태도를 가진 사람이다. 자유주의자와 공화주의자는 모두 자유를 중시하지만, 전자는 개인의 권리, 후자는 공동체 속의 자유와 책임을 강조한다. 한편 민주주의자는 다수의 의사와 절차적 정당성을 중시하는 반면, 공화주의자는 권력의 견제와 도덕적 태도에 더 민감하다. 해즐릿의 공화주의 사상은 오늘날 시민에게 기억의 윤리와 비타협적 태도, 그리고 공공의 책임을 요구한다.

옮긴이의 말

해즐릿은 격변의 시대를 살았다. 프랑스 혁명은 유럽 전역에 충격을 주었고, 영국은 이에 대한 반작용으로 보수주의를 강화했다. 영국의 권력층은 혁명 사상이 퍼지는 것을 두려워했고, 반대 의견은 쉽게 탄압당했다. 이런 분위기 속에서 해즐릿은 군주제와 귀족제를 부패한 봉건적 유산으로 간주하고 신랄하게 비판했다. 그는 나폴레옹을 독재자로서가 아니라 세습 권력을 타파한 인물로 평가하고, 프랑스 혁명의 핵심 가치인 자유와 평등을 지지했다.

해즐릿의 급진주의는 단순하지 않았다. 일례로 로버트 오언 같은 이상주의자에 대해서는 회의적이었고, 입헌군주제에 대해서도 복잡한 입장을 보였다. 해즐릿은 급진적 공화주의자였지만 인간의 어두운 면을 직시하고 점진적 개혁을 선호했다. 이상주의가 현실을 무시할 때 오히려 위험하다고 보았다. '급진적'이라고 반드시 비약적 변화만을 추구해야 하는 것은 아니다. 해즐릿은 프랑스 혁명을 지지하며 영국의 보수적 권력 구조를 강하게 비판하고 자유와 개인의 자율성을 중시했지만, 그의 글을 보면 인간 본성과 정치 현실에 대한 깊은 회의와 복잡한 시각이 드러난다. 급진적 이상을 품고 있었지만 동시에 현실적인 개혁의 어려움을 인식하고 있었던 것이다. 말하자면 급진적 공화주의자라 하더라도 자유와 정의를 실현하기 위한 가장 효과적인 방법이 점진적 개혁이라고 판단한다면 그것을 지지

할 수 있다. 해즐릿에게 급진성은 변화의 속도보다는 비판의 깊이와 원칙에 대한 헌신을 의미하는 경우가 많다. 오늘날까지도 해즐릿이 읽히는 이유는 그의 사상이 단순한 정치적 라벨로는 설명할 수 없는 복합적이고 인간적인 면모를 지니고 있기 때문일 것이다.

그러나 해즐릿은 세습 권력과 위선적 제도에 대해서는 어떤 경우에도 비판의 칼날을 숨기지 않았다. 이런 정치적 용기 때문에 그는 문학계에서 소외되었고 평생 명예를 회복하지 못했다. 하지만 그는 조지 오웰과 크리스토퍼 히친스[2] 같은 후대의 정치 에세이스트들에게 영향을 주었다. 지식인의 역할과 권력에 맞서는 글쓰기를 중시한 해즐릿의 공화주의는 오늘날 권위주의와 포퓰리즘이 팽배한 시대에 여전히 강력한 메시지를 전달한다. 해즐릿은 시대의 양심이었고, 글을 통해 저항한 사상가였다. 해즐릿에게 에세이는 단순한 성찰의 도구가 아니라 저항의 무기였다.

윌리엄 해즐릿은 영문학사에서 가장 영향력 있는 에세이스트 중 한 명으로 평가받는다. 그는 시나 소설이 아닌

---

2 1985년 영국 출신의 저널리스트이자 논객인 크리스토퍼 히친스는 미국에서 망명 생활을 마치고 귀국하는 김대중과 동행했다. 당시 한국은 전두환 군사정권의 위협이 존재했지만, 히친스는 김대중의 민주주의에 대한 흔들림 없는 헌신과 압박 속에서도 타협하지 않는 자세를 깊이 존경했다. 그는 김대중을 "도덕적 선을 넘지 않는 드문 인물"이라며, 권위주의나 정치적 타협에 굴복하지 않고 자신의 도덕적 신념을 끝까지 지켰음을 높이 평가했다.

에세이라는 형식으로 독자적인 예술 세계를 구축했다. 지적 활력, 감정의 진솔함, 사회와 인간의 본성에 대해 주저 없는 비판을 가하는 그의 글은 오늘날에도 여전히 유효한 통찰을 제공한다.

그 당시 낭만주의 작가들이 화려한 언어를 선호했던 것과 달리 해즐릿은 직설적이면서도 격조 높은 문체를 구사했다. 그는 대화체적 어조로 개인적 성찰과 철학적 탐구를 엮어 내기도 하고, 문학적 장치를 단순한 장식이 아닌 논리를 강화하는 도구로 활용하며, 일화와 논증과 분석을 조화롭게 결합하여 지적이면서도 감성적인 형식의 글을 완성했다. 이런 면에서 그의 영향은 앞서 언급한 조지 오웰과 크리스토퍼 히친스는 물론이고 버지니아 울프 같은 에세이스트에게서도 발견된다. 그의 글은 독자에게 깊이 있는 사고를 요구하며, 권위에 의문을 제기하고 인간 본성의 복잡성을 받아들이도록 이끈다.

해즐릿이 활동하던 당시에 셰익스피어는 공연은 활발했지만 비평적으로는 도덕적 잣대와 고전주의적 규범에 갇혀 있었다. 해즐릿은 이러한 틀을 깨고 셰익스피어의 인물들을 '살아 있는 인간'으로 바라보았다. 현대의 셰익스피어는 해즐릿을 통해 새로 탄생했다고 할 수 있다. 그의 『셰익스피어 극의 등장인물론』(1817)은 30여 편의 희곡을 인

옮긴이의 말

물 중심으로 분석한 최초의 비평서이다. 예를 들어 해즐릿은 햄릿을 '우리 자신'의 모습으로 해석했고, 이아고를 전형적인 악역이 아니라 질투와 조작의 심리를 지닌 인물로 분석했다. 그의 비평은 셰익스피어를 철학적 깊이와 감성적 울림을 지닌, 대중에게 가까운 작가로 만들었다.

부연하자면, 해즐릿은 셰익스피어의 인물들을 도덕적 잣대가 아닌 심리적 통찰로 바라보며, 인간의 모순과 갈등을 있는 그대로 받아들였다. 그는 셰익스피어의 작품을 단순한 무대극이 아닌, 인간 존재에 대한 철학적 탐구로 해석해 대중에게 전달했으며, 이를 통해 셰익스피어는 고전적 권위에 머무는 작가가 아니라, 시대를 초월한 인간의 이야기꾼으로 자리매김하게 되었다.

✧

이 선집에는 모든 면에서 해즐릿의 진면목을 볼 수 있는 여덟 편의 에세이가 들어 있다. 그의 문장은 가식적이지 않고, 근육처럼 단단하면서도 때로는 쓸쓸한 정조가 감돈다. 해즐릿은 독자를 기쁘게 하려고 글을 쓰지 않고, 독자를 흔들고 깨우기 위해서 쓴다.

해즐릿의 글은 오래된 철학이 아니라, 지금 우리의 삶을 정면으로 꿰뚫는 거울이다. 그는 19세기 사람임에도 인간

옮긴이의 말

의 감정과 사회의 구조를 놀라울 만큼 생생하게 포착한다. 청춘의 자신감과 불안함, 타인을 오해하는 심리, 돈이 없을 때 흔들리는 자존감, 종교와 정치의 위선, 그리고 병든 몸이 가져오는 고요한 사색까지 해즐릿은 우리가 살아가며 마주하는 복잡한 현실을 날카롭고도 따뜻한 시선으로 바라본다.

시간과 기억에 대한 서정적 명상인 표제작 「영원히 살 것 같은 느낌에 관하여」에서는 청춘의 찬란함과 그 이면의 허상을, 「인격을 안다는 것은」에서는 우리가 얼마나 쉽게 타인을 오판하는지를 보여 준다. 「돈 없이 살아간다는 것은」에서는 경제적 현실이 인간의 존엄성에 어떤 상처를 남기는지를 짚어 내며, 「종교의 가면」은 신앙이라는 이름 아래 숨겨진 인간의 허위와 자기기만을 날카롭게 비판한다. 또한 「진부한 비평가에 관하여」는 비평이라는 이름으로 펴지는 피상적인 언어의 풍경을 해부하고, 「인도인 곡예사」를 통해서는 인간의 능력과 표현의 한계를 성찰하며, 고통과 고독에 바치는 조용한 비가인 「병상의 풍경」에서는 몸과 마음이 무너질 때 찾아오는 고요한 통찰을 담아낸다.

『영원히 살 것 같은 느낌에 관하여』는 통념에 도전하고 위선을 폭로하며, 인간의 모순을 직시하고 단순화된 해석을 거부하는 해즐릿의 면모를 유감없이 보여 준다. 해즐릿을 처음 접하는 독자에게는 그의 매혹적인 목소리를 소개하는 입문서가 될 것이며, 이미 그를 알고 있는 독자에게는 왜 여전히 필독 작가인지 상기시켜 줄 것이다. 해즐릿은 단지 자신의 시대를 말하는 것이 아니라 우리의 시대에도 말을 걸고 있기 때문인데, 두 편의 에세이만 가지고 예를 들어 보겠다.

해즐릿이 「인도인 곡예사」를 바라보는 시선으로 보면 한국의 판소리, 탈춤, 사물놀이, K팝 등은 단순한 공연물이 아니라 집중력과 감정과 기술의 결합체로 고도의 예술적 가치가 있다. 해즐릿은 기술적 완성도와 관객을 사로잡는 능력 자체가 예술이라고 본다. 거리에서 공연하는 예술가들은 종종 '저급하다'는 평가를 받는데, 해즐릿은 그런 편견마저 강하게 비판했을 것이다. 그에게 기술의 완성은 사유의 깊이만큼이나 경이롭기 때문이다. 학문적 권위와 지적 담론만이 예술의 기준이 될 수 없으며, 몸과 감각을 통해 표현되는 예술 역시 깊은 존중을 받아야 한다는 해즐릿의 메시지는 시대를 초월해 오늘날 우리에게 더욱 강한 울림을 준다.

「영원히 살 것 같은 느낌에 관하여」에서 청춘 또는 젊음은 생물학적 시기가 아니라 감정의 밀도가 가장 강렬하게 빛나는 시기다. 해즐릿은 청춘을 영원히 살 것 같은 감정의 주체로 묘사하는데 K팝 그룹 트와이스는 "An everlasting spark to an everlasting fire" 같은 가사로 찰나의 감정이 영원한 불꽃으로 남는다는 믿음을 표현한다. 청춘이 그리고 청춘을 느끼는 순간이 얼마나 눈부시고 아픈지, 그 아픔의 기억조차 얼마나 아름다운지를. 이렇게 「영원히 살 것 같은 느낌에 관하여」에 담긴 청춘의 시간 감각과 존재 방식에 대한 깊은 통찰이 이백 년이 지난 지금, 음악을 통해 다른 언어로 노래된다. 해즐릿의 철학적 몰입과는 분야가 다르지만 그 본질은 같은 것이다. 예를 하나만 더 들자면, BTS는 '화양연화 시리즈'에서 "오늘의 나로 영원하고파"라거나 "Forever, we are young 넘어져 다치고 아파도 끝없이 달리네 꿈을 향해"라고 노래하는데, 이는 해즐릿이 말하는 무한한 희망과 경계 없는 미래와 맞닿아 있다. 해즐릿은 글로, BTS는 음악으로 젊음의 본질을 탐구한다. 표현하는 언어가 다를 뿐, 같은 주제를 다룬다.

 소설은 어떤가. 김성동은 『만다라』에서 청춘이라는 존재는 본질적으로 결핍과 열망이 교차하기 때문에 "우리는 청춘이 주는 갈증으로 목말라 했으며 뭐라고 딱 집어서 말할 수 없는 어떤 공상으로 가슴 두근거려 했으며"라고 말한다. 그리고 이 갈증은 곧 진리에 대한 갈망으로 이어진다. 그리고 김승옥의 『무진기행』에서는 안개처럼 잡히지 않는 감정, 현실과 환상의 경계, 젊음의 열정이 사라지고 공허함만이 남는 시간, 그리고 과거의 기억과 현재의 거리감이 주는 자각에 의해 해즐릿이 말하는 청춘의 불멸성에 대한 느낌이 서서히 무너진다. 그런가 하면 J. D. 샐린저의 『호밀밭의 파수꾼』에서 주인공 홀든 콜필드는 세상의 위선과 허위에 절망하고 청춘의 순수함을 지키려는 저항자로서, 해즐릿처럼 어린 시절의 감정적 불멸성을 붙잡으려 애쓴다. 또한 헤르만 헤세의 『데미안』에서는 싱클레어가 내면의 어둠과 싸우며 자기 정체성을 찾아가는 청춘의 통과 의례를 겪는데, "알은 세계다. 태어나려는 자는 하나의 세계를 깨뜨려야 한다"는 문장은 청춘의 환상이 깨지는 순간의 고통과 성장을 상징한다. 해즐릿이 말하는 영원할 것 같은 느낌은 데미안과의 만남을 통해 현실로 수렴된다.

철학도 청춘의 불멸성에 대해서는 어느 분야 못잖게 할 말이 많다. 칸트는 인간은 도덕적 존재로서 불멸성을 추구한다고 주장했다. 그리고 니체에게 젊음은 힘과 의지의 폭발이며 기존의 도덕과 규범을 넘어서는 시기로, "신은 죽었다"라는 선언과 함께 젊은이들이 자신을 초월하여 새로운 가치를 창조해야 한다고 주장했다. 초월도 좋지만 알베르 카뮈는 "미래를 향한 진정한 관대함은 현재에 모든 것을 바치는 데 있다"고 말하며 젊음의 '순간'에 충실할 것을 강조했다. 그리고 데이비드 흄은 청춘을 불멸성에 대한 환상과 깨달음이 교차하는 시기로 보았다. 고대의 철학자들은 어땠는가. 플라톤은 영혼의 불멸성을 주장하며, 육체는 죽어도 영혼은 계속 존재한다고 보았다. 젊음은 영혼이 진

옮긴이의 말

리를 기억해내는 시기이며, 철학적 탐구를 통해 영원한 진리에 접근할 수 있다고 믿었다. 아리스토텔레스는 영혼의 불멸성을 부정했지만 청춘을 이성의 성장기로 보았다. 그리고 해즐릿은 청춘기의 '불멸성'에 대한 감각을 통해 인간의 감정과 인식의 구조를 탐구한다.

그러나 오늘날 한국의 청년 세대는 해즐릿이 묘사한 청춘의 감각과는 사뭇 다른 현실을 살아가고 있다. 한국의 청년들에게 해즐릿이 말하는 세상이 나를 위해 열려 있다("눈앞에 펼쳐진 거대한 자연계"[3])는 감각은 '세상이 나를 시험하고 있다'는 감각으로 대체되었다. 'N포 세대'라는 용어는 연애, 결혼, 출산뿐 아니라 꿈과 희망까지 포기해야 하는 현실을 반영한다. 해즐릿이 말하는 청춘의 감각과는 정반대의 위치에 있다. 청춘이 더이상 '불멸성'의 시기가 아니라 '소멸의 위기'에 놓인 시기로 인식되는 것이다. 하지만 이 가운데서도 청년들은 새로운 방식으로 '불멸성'을 재정의하고 있다. SNS와 디지털 플랫폼을 통해 자신을 표현하고, 사회적 이슈에 목소리를 내며, 공동체적 연대를 형성하는 모습은 해즐릿의 사상을 현대적으로 재해석한 예라 할 수 있다. 기후 위기, 여성 운동, 노동권, 탄핵 집회, 정신 건강 등 다양한 사회적 이슈에 청년들이 주체적

---

3 「영원히 살 것 같은 느낌에 관하여」 181쪽.

으로 참여하고 발언하는 모습은 죽음이나 실패를 초월한 '의미 추구'로서의 '불멸성'을 보여준다. 단순히 '죽음을 인식하지 못하는 존재'가 아니라 '죽음과 실패를 인식하면서도 의미를 창조하는 존재'로 진화하고 있다. 이들은 해즐릿의 '불멸성'이 고통 속에서도 꺼지지 않는 '내면의 불꽃'임을 보여 준다. 해즐릿이 청춘의 불멸성은 결국 사라지지만 그 감각은 기억 속에 깊이 새겨진다고 하듯이 오늘날을 사는 우리도 청춘의 찬란함과 감정을 다양한 방식으로 기록하고 보존한다. 청춘은 영원하지 않지만, 그 시기의 감각은 예술과 문화 속에서 끊임없이 되살아난다.

이처럼 독자는 『영원히 살 것 같은 느낌에 관하여』를 펼치는 순간, 단순히 과거의 글을 읽는 것이 아니라 지금 자신의 삶을 되돌아보게 될 것이다. 해즐릿은 불편한 진실을 외면하지 않고 우리가 누구인지, 어떻게 살아야 하는지를 끊임없이 묻는다.

∽

윌리엄 해즐릿은 1778년 4월 10일, 영국 켄트주 메이드스톤에서 세 자녀 중 막내로 태어나 종교적 양심과 지적 열정으로 가득한 집안 분위기 속에서 자라났다. 아버지 윌리엄 해즐릿은 유니테리언 목사였고, 미국 독립 혁명을 지지한 급진적 사상가였다. 그 영향으로 가족이 1783년 미

옮긴이의 말

국 필라델피아로 이주해서 보스턴에서 4년간 생활한 뒤 영국으로 돌아와 슈롭셔주 웸에 정착했다. 해즐릿은 진보적 유니테리언 신학교인 해크니의 뉴 칼리지에 몸을 담기도 했으나 대부분 독학으로 지식을 쌓았다. 그의 초기 관심은 철학, 신학, 회화에 있었으며, 데이비드 흄과 존 로크 같은 계몽주의 사상가들의 사유에 깊이 매료되었다.

해즐릿의 지적 여정에 결정적인 전환점이 찾아온 때는 1798년이었다. 슈루즈베리의 유니테리언 예배당에서 그는 새뮤얼 테일러 콜리지와 조우했고, 곧이어 윌리엄 워즈워스를 만나면서 낭만주의의 심장에 발을 들이게 된다. 해즐릿은 콜리지와 워즈워스의 시적 재능에 감탄했지만, 훗날 그들의 가장 날카로운 비평가로 돌아선다. 해즐릿은 한때 화가의 길을 꿈꾸며 1802년 파리로 건너가 루브르에서 고전 회화를 공부했지만, 점차 글쓰기로 방향을 틀었다. 그의 첫 철학적 저작인 『인간 행동론』(1805)은 심리적 이기주의를 반박하며, 인간의 동기에는 이타적 감정이 존재한다는 주장을 펼친다.

1810년대와 1820년대는 해즐릿의 문학적 전성기였다. 그는 《이그재미너》《에든버러 리뷰》《런던 매거진》 등 다양한 잡지에 글을 기고하며 정치, 문학, 연극, 미술, 철학, 일상, 스포츠에 이르기까지 폭넓은 주제를 다루는 에세이를 쏟아 냈다. 대표작으로는 앞서 언급한 셰익스피어의 인물들을 심리적 사실주의로 분석한 선구적 비평서인 『셰익스피어 극의 등장인물론』, 일상적 주제를 철학적 통찰로 풀어낸 에세이 모음집 『좌담』, 바이런, 워즈워스, 벤담 등 동시대 인물들의 성격을 문화적 맥락 속에서 탐구한 『시대정신』 등이 있다. 해즐릿은 프랑스 혁명의 이상을 신념으로 삼고, 보수적인 토리당 정부에 날선 비판을 가하는 등 급진적 정치 사상을 삶으로 구현했다. 그의 정치 에세이는 격렬하고 논쟁적이었으며, 그로 인해 찬사와 비난을 동시에 받았다.

지적 명성과는 달리, 해즐릿의 개인사는 고난으로 점철되었다. 그는 사라 스토다트와 1822년에 이혼했고, 이사벨라 브리지워터와의 열정적인 연애와 재혼도 평탄하지 않았다. 게다가 경제적 어려움은 해즐릿을 끊임없이 괴롭혔고, 보수 언론의 공격은 그의 명성을 뒤흔들었다. 그럼에도 해즐릿은 마지막까지 글쓰기를 멈추지 않았다. 그의 문장은 여전히 날카롭고, 그의 사유는 여전히 깊었다.

1830년 9월 18일, 런던 소호에서 생을 마감한 해즐릿은 세인트 앤 교회 묘지에 묻혔다. 그의 묘비에는 다음과 같은 문구가 새겨져 있다.

> 해즐릿은 진리와 자유와 인간애의 지지 않는 옹호자로 살다 죽었다. '의심하는 자는 그의 글을 읽으라.'

옮긴이의 말

해즐릿의 글은 계몽주의의 이성과 낭만주의의 감성을 잇는 다리였으며, 그의 문장은 때로는 시처럼 아름답고, 때로는 철학처럼 날카롭다. 그는 감성적이면서도 냉철했고, 도덕을 중시하면서도 위선을 경계했으며, 고독한 사색가이면서도 사회의 맥박을 누구보다 정확히 읽었다. 이렇듯 복합적이기 때문에 해즐릿의 에세이들은 "다소 분열적이고 불협화음적인 면"이 있는 것이리라. "사상가 해즐릿이 훌륭한 벗이라는 점은 의심할 여지가 없다. 그는 강하고 두려움을 모른다. 그리고 자신의 생각을 잘 알고 그것을 힘차게, 게다가 눈부시게 말한다"[4]고 한 버지니아 울프의 말처럼 『영원히 살 것 같은 느낌에 관하여』를 통해 해즐릿이 이 시대에도 우리의 훌륭한 벗이 될 수 있기를 희망해 본다.

---

4   윌리엄 해즐릿 『혐오의 즐거움에 관하여』 22쪽.

무의미는
재치보다 사람을
더 난감하게 만든다.

- 알렉산더 포프

진부한 비평가에 관하여

나는 이 얼간이들이 무슨 생각을 품을 수 있을지
상상할 수도 없다.[1]

나는 다른 지면에서 '진부한 사람들'에 대해 이야기한 바 있다. 그들은 자신만의 독창적인 의견은 없지만, 그렇다고 있는 척하지도 않는 사람들이다. 여기서는 또 다른 부류인 '진부한 비평가'들에 대해 살펴보고자 한다. 이들 역시 독창적인 의견은 없지만, 앞선 부류와 달리 모든 주제에 할 말이 있는 척한다. '진부한 사람들'은 대체로 솔직하고 느긋하다. 자신이 어떤 사람인지 그대로 받아들이고, 남들도 그렇게 보아 주길 바란다. 반면, '진부한 비평가'는 성가시고 집요하다. 그들은 통찰력 있는 사람으로 보이고

---

1 존 드라이든은 『사슴과 표범』(1687)에서 이 구절로 가톨릭의 신비로운 교리(성체성사나 교회의 권위 같은)를 이성으로만 판단하려는 성공회의 태도를 비판한다. 해즐릿은 이것을 자기 생각 없이 남의 의견만 되풀이하는 진부한 비평가들을 비판하는 서두로 활용한다.

싶어 하며, 어떤 대화에서든지 상투적인 남의 생각을 마치 자기 것인 양 내세우려 든다. 이들 가운데는 진지한 유형도 있고, 장난기 많은 유형도 있다. 솔직히 말해, 어느 쪽이 더 피곤한지는 판단하기 어렵다.

진부한 비평가는 어떤 주제든 늘 할 말이 있다. 하지만 그가 하는 말은 대개 틀렸거나, 뻔하거나, 무의미하다. 그는 스스로 생각하지 않는다. 남의 생각을 빌려 와 대본처럼 되풀이할 뿐이다. 우리의 의견에 반대한다면 우리가 틀려서가 아니라, 다른 누군가가 그렇게 생각할지도 모른다고 짐작하기 때문이다. 이쯤에서 멈추면 그나마 다행일 것이다. 그는 우리의 말을 끝까지 듣기도 전에 우리의 견해를 왜곡하고, 심지어 우리가 주장하지도 않은 의견을 지레 '수정'하려 든다. 오해가 생길까 봐 미연에 방지하겠다는 것이다. 우리가 『한여름 밤의 꿈』 속 직조공 보텀이 더 높은 평가를 받아야 한다고 말하면, 그는 곧 우리가 괴짜로 보일까 염려한다. 그리고 우리가 셰익스피어의 모든 작품 중 그것을 최고로 여긴다고 섣불리 단정짓는다. 진부한 비평가는 취향이나 사고에 대해 판단할 때도 옷차림이나 유행을 따질 때처럼 행동한다. 그 기준은 언제나 그가 교류하는 소수의 집단 사이에서 통용되는 분위기다. 그에게 지금 유행하는 생각을 포기하라고 설득하는 건, 마치 옷의 앞뒤를 돌려 입으라는 것과 마찬가지다. 그가 늘 입에 올리는 '최고의 사람들'이란 실은 자기 소유지에 살면서 타인의 생각으로 살아가는 이들을 뜻한다. 그가 말하는 '세상의 의견'이란 것도 사실은 자신이 드나드는 작은 모임 안에서 오가고 들리는 말들일 뿐이다.

그는 입만 열면 '상식적인 판단'이라는 말을 꺼낸다. 하지만 이 말은 그의 판단도, 누구의 깊은 통찰도 아니다. 그저 남의 생각을 아무 의심 없이 받아들인 사람들이 모여 만든 믿음의 합의일 뿐이다. 누군가 '평범한 상식'보다 더 나은 것이 있다며, 이를테면 '비범한 상식'을 언급하면 그는 농담으로 치부한다. 우리가 다수의 의견이라도 무지나 편견에서 비롯된 것일 수 있다고 이의를 제기하면, 그는 곧 '분별 있고 잘 아는 사람들'의 판단을 들먹인다. 이에 우리가 "당신와 당신의 친구들만큼이나 사려 깊고 잘 아는 사람이 세상에 더 있다"고 말하면, 그는 우리의 건방짐에 미소 지을 것이다.

진부한 비평가에게 무언가를 증명하려는 시도는 헛된 일이다. 그는 우리가 무슨 말을 하는지에 관심이 있는 것이 아니라, 그 말이 다른 사람들에게 어떻게 받아들여질지를 생각하기 때문이다. 우리의 논리가 강할수록, 그는 오히려 우리를 고집불통이라고 여긴다. 그의 근거 없는 가정들을 드러내려는 어떤 시도도, 그에게는 혼란스러운 상상력의 발작처럼 보일 뿐이다. 그의 생각은 틀에 찍어 낸 석

고상과도 같다. 속은 텅 비고, 겉은 쉽게 부서진다. 그 생각은 깨지기 쉽지만 그것을 바꾸게 하기란 불가능하다.

사실 진부한 비평가는 사회의 상당 부분, 즉 피상적이고, 허영심 많고, 나태한 사람들, 말할 시간은 많지만 생각할 의무는 느끼지 않는 사람들을 대표한다. 그는 흔해 빠진 표현이나 상투적이고 무례하고 공인된 언어에서 조금이라도 벗어나는 것을 자신의 상상 속 권위를 위협하는 일로 여긴다. 그들은 매사에 집단적으로 생각하고, 서로의 어리석은 생각을 알아보는 데 탁월한 감각을 지녔으며, 부조리에 잘 끌리고, 서로의 감정과 의견에 놀라울 정도로 잘 동조한다.[2] 그들은 서로를 알아보는 데 놀라울 정도로 정확한 감각을 지녔다. 마치 프리메이슨처럼 상투적인 말투와 익숙한 태도, 유행하는 의견을 통해 같은 부류임을 즉각적으로 인식한다. 이 놀라운 일치와 조화의 비밀은 단 하나, 즉 그들 중 누구도 정신적 노력이나 용기를 조금이라도 필요로 하는 의견을 절대 받아들이지 않는다는 것이다. 깊은 사유가 종종 같은 진실에 수렴하듯, 얕은 정신은 언제나 같은 수준의 진부함에 안착한다.

지혜로움과 마찬가지로 어리석음에도 나름의 질서와

---

[2] 해즐릿은 특정 집단이 서로의 감정과 의견에 놀라울 정도로 잘 공감한다고 말하는데, 여기서 '공감'은 깊은 이해나 진정한 감정의 교류가 아니라, 피상적이고 상투적인 생각에 대한 자동적 동조를 뜻한다.

논리가 있다. 인간은 가장 약한 정신의 소유자든 가장 강한 정신의 소유자든 누구나 자신에게 가장 잘 맞는 사고와 감정의 수준을 본능적으로 찾아낸다. 그 안에서 나름의 논리와 확신을 지닌 채 살아간다. 게다가 단지 겉만 보고 결론에 도달하는 방식은 늘 일정하다. 이런 부류의 비평가가 어떤 주제에 대해 무슨 말을 할지 우리는 그를 처음 만났을 때부터 다음 번, 또 그 다음 번, 그리고 마지막까지 이미 다 알고 있는 셈이다. 그의 의견 목록은 거의 예외 없이 다음과 같다.

그와 같은 방에 들어가면 10분이 채 지나기도 전에, 셰익스피어가 위대한 작가였지만 기복이 있는 천재였다는 말을 꺼낼 것이다. 그는 셰익스피어의 작품들이 지금 처음 무대에 오른다면 과연 성공할 수 있을지 의문을 품는다. 그중에서도 『맥베스』는 훗날 음악이 들어갔기 때문에 성공 가능성이 높아졌다고 본다. 그는 프랑스 비극이 영국보다 우월하다는 주장에 대해 약간의 의심을 품고 있으며, 흄과 애덤 스미스가 그 견해를 공유했다는 점을 덧붙인다. 또한 밀턴의 학문적 고집을 그의 작품에서 가장 큰 흠으로 여기며, 『실낙원』에는 산문 같은 구절이 많다고 생각한다. 그는 천재성이 반드시 좋은 취향을 의미하는 것은 아니며, 재치와 판단력은 전혀 다른 능력이라고 믿는다. 진부한 비평가는 존슨 박사를 위대한 비평가이자 도덕가로 평가하며, 그의 『사전』은 놀라운 학식과 방대한 노력의 산물이라고 여긴다. 다만 보즈웰이 전한 몇몇 일화들은 사소하다고 본다. 그는 로크를 매우 독창적이고 심오한 사상가로 간주하며, 기번의 문체는 힘차지만 지나치게 화려하다고 생각한다. 그리고 주니어스의 정체가 끝내 밝혀지지 않은 사실에 대해 놀라움을 표하고, 포프의 『일리아드』 번역은 원작의 단순함을 현대 독자의 취향에 맞게 개선한 것이라 여긴다. 진부한 비평가는 고전 희극에 저속한 면이 많다고 생각하며,[3] 찰스 2세 시대 이후 상류층의 도덕성이 크게 향상되었다고 본다.[4] 그는 앤 여왕 시대를 영문학의 황금기로 보지만, 전체적으로 볼 때 볼테르에 필적할 만한 영국 작가는 없다고 말한다. 진부한 비평가는 보카치오를 매우 방탕한 작가로 묘사하고, 라블레의 재치는 지나치게 과장되었다고 평하지만, 두 사람의 작품을 읽어 본 적이 없다. 그는 스펜서의 『선녀 여왕』을 끝까지 읽지 못하며, 모든 우의적 시는 지루하다고 단언한다. 그리고 필딩보다 스몰렛을 더 높이 평가하고, 『돈키호테』보다 『질 블라스』에서 세상

---

[3] 흔히 셰익스피어, 벤 존슨, 콩그리브 같은 작가들의 작품에는 오늘날 기준으로 보면 다소 노골적인 유머나 성적 암시가 포함되어 있는데, 진부한 비평가는 그 저속함이 시대의 정서와 인간 본성에 대한 통찰에서 비롯된 것임을 이해하지 못한다. 그는 단지 오늘날의 도덕적 잣대를 들이대며, 과거의 유머를 불쾌하게 여긴다.
[4] 찰스 2세 시대 이후 상류층의 도덕성이 향상했다는 믿음은 실제 역사적 복잡성을 간과한 도식적 사고이며, 해즐릿은 이런 비평가들이 현대의 겉치레를 과거보다 우월한 것으로 착각한다고 꼬집고 있다.

에 대해 더 많은 통찰을 발견한다고 말한다.

진부한 비평가는 리처드슨의 글이 지나치게 세세하고 지루하다고 여긴다.[5] 또한 그는 프랑스 혁명이 자유의 대의를 크게 훼손했다고 생각하며, 나폴레옹은 야망이 지나쳤다고 비난한다. 그는 《에든버러 리뷰》와 《쿼터리 리뷰》를 읽고 기사 내용대로 생각한다. 신인 배우나 가수에 대해선 의견 내는 걸 꺼린다. 대중이 신문과 꼭 같은 생각을 하는 건 아니기 때문이다. 그는 현대인이 고대인보다 여러 면에서 훨씬 유리하다고 믿는다. 제러미 벤담은 아리스토텔레스보다 더 위대한 인물이라고 생각하며, 오늘날의 화가들이 라파엘로나 티치아노만큼 잘 그리지 못할 이유가 없다고 본다. 예를 들어 그는 웨스톨의 드로잉에서 매우 우아하고 고전적인 품격이 느껴진다고 말한다.[6] 조슈아 레이놀즈 경의 강연문은 버크가 쓴 것이 틀림없다고 확신하며, 혼 투크가 접속사 that에 대해 설명한 부분은 매우 기

5　18세기 영국 소설의 선구자 새뮤얼 리처드슨의 대표작 『파멜라』나 『클라리사』는 심리적 깊이와 도덕적 갈등을 섬세하게 그려낸 작품인데, 진부한 비평가는 그 복잡함을 지루함으로 오해한다는 것이다. 해즐릿은 진지한 독서와 깊은 이해 없이 유행하는 비평적 태도를 풍자한다.

6　"우아하고 고전적(elegant and classical)"이라는 표현은 미술 비평에서 흔히 사용되는 상투적인 찬사다. 해즐릿은 이런 표현이 실질적인 분석 없이도 교양 있는 척할 수 있는 언어라고 본다. 영국의 화가인 윌리엄 웨스톨은 셰익스피어와 밀턴의 작품을 소재로 삽화를 그렸다. 당시에 그의 화풍은 고전적이고 우아하다고 평가받았는데, 해즐릿은 그 평가가 진정한 미적 통찰에서 나온 것이 아니라 유행하는 비평 언어를 반복한 것이라고 지적한다.

또한 '부도덕 척결 협회'를 큰 골칫거리라고 생각하며,[10] 정직한 사람이라면 모두 그렇게 생각해야 한다고 믿는다.

한마디로, 진부한 비평가는 학문적 깊이는 없지만 교양 있는 척하며 대화 속에서 학자의 권위를 흉내낸다. 그는 귀족과 상류층의 의견을 마치 진짜 학자가 키케로나 버질의 권위를 인용하듯이 심각한 표정으로 말한다. 최근 유행하는 생각이나 표현을 자기 것인 양 되풀이하고, 사회적으로 존경받는 사람들의 의견을 마치 무용 선생[11]이 귀족들의 우아한 자세나 걸음걸이를 가르치듯, 아니 흉내내듯, 혹은 하인이 귀족의 옷을 들고 다니듯 지니고 다닌다.

---

10 '성서 보급 협회'는 종교적 열정의 상징이며, '부도덕 척결 협회'는 도덕적 감시와 위선의 상징이다.
11 과거 유럽에서는 상류층 자녀들이 어렸을 때 무용 선생에게 춤을 배우면서 우아한 자세나 사교 예절 등 외적인 태도도 배웠다. 해즐릿은 '무용 선생'을 겉모습을 흉내내는 사람의 상징으로 쓴다.

온화한 사람의
발뒤꿈치를 한번 밟아 보라.
그가 얼마나 빠르게
반응하는지 보게 될 것이다.

온화한 사람의 두 얼굴

새프츠베리 경[1]은 어느 글에서 이렇게 말했다. 온화해 보이는 대다수의 사람들은 사실 자기 자신에게만 관심이 있다고. 그래서 자기 이익에 직접적인 영향을 주지 않는 일에는 짜증을 내지 않고, 자신과 상관없는 일에는 굳이 화를 내지 않으니, 마치 인간적인 친절함으로 가득찬 사람처럼 보인다는 것이다.

온화함, 또는 흔히 그렇게 여겨지는 성품은 모든 덕목 가운데 가장 이기적인 것이다. 열에 아홉은 단지 게으른

---

[1] 본명은 앤서니 애슐리 쿠퍼이며 제3대 새프츠베리 백작(1671-1713)이다. 영국의 계몽주의 철학자이자 정치가로 도덕 심리학과 윤리학 분야에 큰 업적을 남겼다. 그는 인간의 도덕성을 순전히 이성이나 의무감이 아니라, 타고난 '도덕 감각(moral sense)'과 이성이 상호작용하는 결과로 보았다. 이 도덕 감각은 본능적인 연민과 공감 능력을 바탕으로 하고, 이성이 이를 정제하여 보편적 선(善)을 인식하도록 돕는 역할을 한다.

기질에서 비롯된 것일 뿐이다. 일반적으로 온화한 사람이라 불리는 이는 자기 루틴이나 편안함이 방해받는 걸 싫어한다. 그는 어떻게든 피할 수 있는 한, 다시 말해서 어떤 일이 자기에게 영향을 미치기 전에는 일부러 나서지 않는다. 그리고 남의 힘든 일을 보고 괜히 걱정하거나 불편해하지 않는다. 자기 힘으로 해결할 수 없고, 또 그럴 수 있어도 자기 일이 아닌 일엔 스트레스를 받지 않는 것이다.

그러나 정작 조금이라도 자기에게 불편이 생기면 누구보다 민감하게 반응하고, 자기만을 위한 편안함이나 즐거움이라면 말이 안 돼도 절대 포기하지 않으며, 자기의 평온함이 깨지면 누구보다 크게 불쾌해한다. 심지어 그 불쾌함에 화를 내는 데 따르는 스트레스까지도 자기의 피해를 더 심화시키는 또 다른 고통처럼 여긴다. 이런 사람은 어떤 지역이 전쟁이나 재난으로 초토화되었다거나, 어떤 도시에서 사람들이 학살당했다거나, 어떤 민족이 노예로 전락했다거나 하는 이야기를 들어도 분노나 증오를 느끼지 않는다. 하지만 굴뚝에서 작은 그을음 한 조각이 떨어져 저녁 식사를 망치면 하루 종일 예민해진다. 그는 자기만 편하면 세상에 아무 문제도 없다고 생각한다. 하지만 새끼손가락이 조금만 아파도 짜증을 내고 싸우려 들어서 아무도 그에게 가까이 가지 못한다. 사회적, 도덕적 차원의 부정이나 불공정은 그에게 추상적인 문제일 뿐이며, 자기가

온화한 사람의 두 얼굴

직접 피해를 입지 않는 한 그의 감정은 흔들리지도 않고 얼굴 표정 하나 바뀌지 않는다. 또한 자기 이익과 직접 관련이 없다면, 말도 안 되는 주장에도 화를 내지 않는다.

반면에 어떤 사람들은 말싸움만 시작되면 금세 흥분하고, 사소한 일에도 기분이 상해서 별것도 아닌 일로 주변 사람들에게 불쾌감을 주곤 한다. 이런 사람들이 그런 건 성격이 나빠서가 아니라, 진심으로 그 문제에 몰두하기 때문이다. 겉으로 보기엔 온화하고 착해 보이는 사람이 사실은 위선자일 수 있다. 자기 편안함만 중요하게 여기고, 다른 사람의 고통엔 무관심하면서도 자신을 온화하고 너그러운 사람처럼 위장하기 때문이다. 사람은 누구나 누군가가 자신을 해치려 하거나 속여서 돈을 빼앗으려 할 때, 즉 정말로 중요하게 여기는 것을 건드릴 때 흥분하고 평정을 잃게 마련이다. 세상이 불타든 말든 신경도 안 쓰는 '온화한 사람'도 마찬가지다. 그의 발을 한번 밟아 보라. 그가 얼마나 빠르게 반응하는지 보게 될 것이다.

사실 겉으로 보기엔 까칠하고 불편한 사람들이 오히려 진짜 착한 사람일 수 있다. 이들은 자기 일이 아니어도 관심을 가지며, 남을 자신처럼 소중하게 여긴다. 이들은 세상의 온갖 고민과 짜증거리를 안고 살아간다. 또한 이들은 세상 곳곳의 불의와 부조리를 그냥 지나치지 않고 바로잡으려는 사람들이다. 지금 일어나고 있는 일을 보고 도울 수 있다면 외면하지 않고 진심으로 반응한다. 가까운 곳에서 벌어지는 비인간적 행위나 자국민이 이웃 나라에서 저지른 비인도적 행위에 괴로워하고, 그 사람들이 이룬 정의롭지 못한 성공을 거부하며, 그 성공이 눈부실수록 더 강력하게 거부한다. 그뿐 아니라 이들은 아주 오래전에 있었던 불의에도 마음 아파한다.

이들은 자유, 진실, 정의, 인간성, 명예 같은 고귀한 말에 너무 진지하게 집착한다. 하지만 그런 말들은 교활한 자들에게는 악용되고, 어리석은 자들에게는 오해받기 일쑤다. 그래서 속이 터질 듯한 답답함을 느낀다. 이들은 늘 골치 아픈 일에 시달린다. 하나의 문제가 겨우 해결되면, 또 다른 문제가 바로 튀어나와 이들을 괴롭힌다. 자기 일은 뒷전으로 미뤄 두고 남의 문제에 온 힘을 쏟지만, 정작 아무런 도움이 되지 못한다. 그런가 하면 터키 사람들의 도덕성이나 프랑스의 정치 같은 문제를 두고 끝없이 고민하다가 지쳐 버린다. 어떤 말은 듣기만 해도 괴롭고, 어떤 일은 마음 깊숙이 상처를 남겨 평생 잊히지 않는다. 또한 세상에서 누군가가 했던 말이나 행동, 생각에 깊이 공감한다. 그리고 과학이든 예술이든 모든 분야에 관심을 갖고 마음을 쏟는다.

이들은 거짓말을 부당한 행동만큼이나 싫어한다. 왜냐하면 진실은 모든 정의의 바탕이기 때문이다. 이들의 마음속에는 항상 진실이 가장 먼저고, 그 다음은 인류 전체, 그 다음이 자기 나라, 마지막이 자기 자신이 자리잡고 있다. 이들은 뛰어남[2]을 사랑하고, 그 뛰어남의 그림자인 명성에도 존중을 보낸다. 그리고 무엇보다도 죽은 사람에게 정의가 실현되기를 간절히 바란다. 그것이 살아 있는 사람들에게 가장 큰 용기를 주고, 미래 세대에게 오래도록 남을 유산이 되기 때문이다. 이들은 인간 사회를 지탱하는 근본적인 가치가 흔들리는 걸 참을 수 없고, 존경받던 사람이 부당하게 몰락하는 것도 보고 싶지 않다. 차라리 누군가에게 얼굴을 맞는 건 참을 수 있지만, 누가 봐도 명예로운 사람을 이유 없이 공격하는 건 도저히 받아들일 수 없다. 프랑스인들이 셰익스피어를 낮게 보는 태도는 이들에게는 몹시 불쾌한 일이며, 영국인 누군가가 그런 태도를 비판하려고 볼테르를 깎아내려도 문제가 해결되었다고 생각하지 않는다.

이들은 똑똑하고 재능 있는 사람이 어리석은 짓을 하는 걸 보면 속이 상하고, 진실을 말하는 사람이 조롱당하거나, 거짓이 더 환영받는 걸 보면 괴로워한다. 그리고 차마 말하기 어려울 만큼 불쾌한 일들을 보면 마음 깊이 상처를

---

[2] '뛰어남(excellence)'은 해즐릿에게 단순한 능력이나 인기 이상의 의미를 지닌다. 그는 인간의 성품, 예술, 지성 속에서 드러나는 진정한 위대함을 가리켜 이 단어를 사용했다.

입는다. 요컨대 이들은 진실을 향한 뜨거운 열정으로 살아간다. 그래서 간사한 사람이 자기 이익에 집착하듯 또는 '온화한' 사람이 편안함을 추구하듯, '옳은 것'에 대해 그만큼 강하게 애착을 느낀다. 그래서 실제로 일어났거나 일어났을지도 모를 도덕적 일탈, 부정, 불의 등 '옳음'에서 벗어난 일들뿐 아니라 해악과 어리석음이 자행될 가능성에도 마음의 평화를 잃는다. 왜냐하면 이들은 멈출 수가 없기 때문이다. 멈추면 비로소 무관심해지는 법을 이들은 배우지 못했다.

원칙이란 진실을 향한 열정이고, 어떤 신념에 대해 절대 흔들리지 않는 집착이다. 반면에 온화함은 아무런 대가를 치르지 않는 인도주의에 불과하다. 온화한 사람은 종교든 정치든 어떤 대의를 위해 희생한 적이 없다. 그는 흐름을 거슬러 싸우는 게 뭔지조차 잘 모른다. 온화한 사람은 훌륭한 궁정 신하가 되고, 충성스러운 국민이 될 수도 있다. 그렇게 되지 못한다면 오히려 이상한 일이다. 왜냐하면 그가 해야 할 일이라고는 자신의 편안함과 이익, 체면만 챙기면 되기 때문이다. 브레이의 목사[3]는 온화한 사람이었다. 하지만 그저 목사일 뿐이었으니 얼마나 안타까운가! 온화한 사람은 인생에서 진실, 용기, 혹은 관대함을 요구

---

[3] '브레이의 목사'는 시대에 따라 종교적, 정치적 입장을 바꿔가며 권력에 순응하는 인물을 상징한다.

하는 어떤 자리에도 전혀 어울리지 않는다. 그는 '자기 의견'은 쉽게 포기해도 신념이나 정의를 위한 희생은 하지 않는다. 갈등을 피하고 '사람들의 기분을 맞추는 일'에만 집중할 뿐이니까.

온화한 사람은 기회만 생기면 친구의 연인을 유혹할 수 있고, 그 친구와 함께 수치나 위험을 감수하기보다는 그를 배신할 수 있다. 그리고 세상을 구할 수 있는 상황에서도 자신의 작은 즐거움 하나조차 포기하지 않는다. 그는 자신의 편안함을 옳고 그름의 기준으로 삼는다. 자신이 고통받을 것 같은 일을 피하고 타인의 고통에는 눈을 감는다. 그는 죄인이든 무고한 사람이든 상관없이 고문대에 올려놓고, 그 사람이 고통에 몸부림치는 그 어색한 몸짓을 비웃거나, 비명을 지르는 것이 어찌나 예의 없고 무례한지 의아해할 것이다. 그리고 어떤 악행에도 태연하고 친절하게 손을 보탤 것이다. 왜냐하면 자기에게 유리한 면만 보고, 도덕적 문제는 외면하기 때문이다. 그는 거짓말에도 자기만족에 찬 미소를 띠며 동의하고, 권력이라는 외피를 입은 잔혹한 행위에도 기꺼이 박수를 보낼 것이다.

온화한 사람은 권력자에게 잘 보이기 위해서라면 기꺼이 조국을 배신할 것이며, 수많은 사람들의 생명을 앗아가는 결정에도 동조할 것이다. 단지 권력자의 그 따뜻한 미소 하나, 친근한 악수 한 번을 놓치지 않기 위해서 말이다.

죽음의 비명, 찢긴 팔다리의 고통, 절망의 마지막 신음은 겉으로는 온화하고 교양 있어 보이는 그의 인간성에 너무 충격적이어서 오히려 마음에 아무런 흔적도 남기지 못한다. 그의 온화함은 오직 미소, 인사, 우아한 인사말, 아첨 섞인 대답에만 공감할 뿐이다. 그의 부드러운 성품에는 악행도 부패도 모두 날카로움을 잃고 마치 아무런 해가 없는 것처럼 느껴진다.

온화한 사람은 교회나 국가에 어떤 잘못이 있다는 말을 들으려 하지 않는다. 이익을 얻을 수만 있다면 어떤 부정도, 어떤 더러운 거래도, 어떤 권력자의 행동이라도 기꺼이 옹호할 것이다. 극단적인 경우, 아주 온화한 사람이라도 법조계에서 출세하기 위해서라면 자신보다 더 정직한 열두 사람[4]을 교수대에 올리는 일도 서슴지 않을 것이다. 또한 동료들이 단 일주일이라도 더 권좌에 머물 수 있도록 국왕의 인장까지 위조할 것이다. 그는 자기 판단 없이 노예처럼 타인의 뜻에 휘둘리며, 그들의 악행을 실행하는 겁쟁이로 살아갈 뿐이다. 온화한 사람은 공적 업무를 맡기기에 적합하지 않다. 그건 마치 겁쟁이가 군대를 이끄는 것

---

4 영국과 미국의 전통적인 형사 재판 배심원단은 12명으로 구성된다. 해즐릿은 이 숫자를 통해 정직하고 양심적인 시민들을 상징적으로 표현한다. 즉 "자신보다 더 정직한 열두 사람"은 도덕적 양심을 가진 다수의 시민들을 뜻한다. 한편 '12'는 예수의 12제자처럼 성경에서도 자주 등장하는 숫자인데, 해즐릿은 이 숫자를 통해 도덕적 권위나 공동체의 상징을 암시했을 수도 있다.

만큼이나 부적절하다. 진정한 애국심과 공공선은 도덕적 분노와 불의에 대한 민감함에서 비롯된다. 캐슬레이 경[5]은 성품이 온화한 사람이다. 엘든 경[6]도 성품이 온화한 사람이다. 찰스 폭스[7] 역시 성품이 온화한 사람이었다. 마지막 사람이 가장 결정적인 사례다. 진정한 애국자는 신념에 따라 단호히 반대할 줄도 알고, 옳고 그름을 가려내 마땅히 혐오해야 할 것을 분별할 줄 아는 사람이다.

온화한 성품의 왕이 오히려 위대한 폭군이 될 가능성이 크다.[8] 왕은 자신의 권력이 닿는 모든 이들의 안녕을 살펴야 하지만, 온화한 사람은 대개 자기 자신에게만 관심을 두기 때문이다. 식욕이 좋고 잘 먹고 잘 자면 우주에서 무슨 일이 일어나든 그를 불편하게 만들 수 없다. 그는 자기 기분이나 변덕 때문에 백성의 생명이나 자유를 파괴하는 일도 전혀 서슴치 않는다. 오히려 그런 일은 그의 성품과 잘 어울리고, '식욕이 좋으면 소화도 잘 되고, 건강도 따라

---

5 로버트 스튜어트 캐슬레이 경(1769-1822)은 영국 외무장관이자 제2대 런던데리 후작이었다. 그는 정치적 입장을 수시로 바꾸고 관직에 집착하며 자신의 지위를 보장해 주는 모든 정부 조치에 기꺼이 순응했다.
6 존 스콧 엘든 경(1751-1838)은 영국의 대법관이자 보수적인 법률가로서 개혁에 반대하고 왕권과 기존 질서를 옹호했다.
7 찰스 폭스(1749-1806)는 영국 휘그당 하원의원으로 원칙이나 신념보다 자신의 안락과 인기 유지를 더 중시했고, 대의나 정의를 위해 불편을 감수하지 않았으며, 자신에게 직접적 불이익이 없으면 어떤 일에도 분개하지 않았다.
8 겉으로는 온화하고 친절해도 타인의 고통에 무감각하고 자기만족만 추구한다면, 그 권력은 결국 폭정으로 이어질 수 있다는 경고다.

온다[9]는 식으로 모든 걸 자기만족으로 정당화한다. 그는 생명과 자유를 파괴하는 폭력적 행위를 마치 숨쉬거나 식사하는 것처럼 아무렇지 않게, 심지어 만족스럽게 해낸다. 자신의 행동이 초래할 고통이나 파괴를 상상하지 못하거나, 상상하더라도 아무런 영향을 받지 않는 것이다. 왜냐하면 그는 어리석고 온화하기 때문이다. 온화한 사람은 자기 뜻을 거스르거나, 자기 확신과 편안함에 위협이 되는 것을 누구보다도 더 격렬하게 미워한다. 그리고 그것을 막을 힘이 있다면 그는 주저 없이, 죄책감도 없이, 아무런 제약 없이 그 힘을 사용할 것이다.

이 성품의 하위 유형이 바로 일반적으로 말하는 '선의의 사람'이다. 선의의 사람은 악의는 없지만, 종종 엄청난 해악을 저지른다. 그는 누구에게도 해를 끼치려는 마음은 없다. 자기 이익에 반하지 않는 한은. 선의의 사람은 사기꾼도 아니지만 도덕적으로 완전한 인물도 아니다. 그는 자기에게 유리한 지위나 이익은 쉽게 포기하지 않는다. 밴시타트[10]가 그런 '선의의 사람'이다.

아일랜드인은 온화한 민족이다. 그들은 많은 미덕을 지

---

9 셰익스피어 『맥베스』 III. iv.
10 Nicholas Vansittart(1766-1851), 영국 재무장관(1812-1823)으로 토리당 소속이었다. 재정 정책에서 보수적이고 신중한 접근을 취했으나, 경제적 활력에는 기여하지 못했다고 평가된다. 해즐릿에게 그는 선의를 가졌지만 무능한 인물을 상징한다.

니고 있지만, 그 미덕은 머리가 아닌 가슴에서 비롯된 것이다. 그들은 감정적으로는 진실하지만, 이성적으로는 자기기만적이거나 논리적으로 불일치한 면이 있다. 그들이 일단 결과를 계산하기 시작하면 자기 이익이 결국 우위를 점하게 된다. 자신의 원칙에만 의존하는 아일랜드인이나, 충동에 쉽게 굴복하는 스코틀랜드인은 똑같이 위험하다. 아일랜드인은 재치, 천재성, 웅변, 상상력, 애정을 지니고 있다. 하지만 그들은 이해력의 일관성이 부족하며, 그 결과 사고나 행동의 기준이 없다. 감정은 뜨겁고 직관은 빠르지만, 그것을 뒷받침할 이성적 깊이나 지속적인 사고력이 부족하다. 아일랜드인의 본능적 기질은 자주 통제 불능이 되고, 이성은 지쳐버린 말처럼 제대로 작동하지 않는다. 그들이 하는 말이나 행동에는 언제나 거칠고, 소화되지 않고, 성급하고, 조화를 잃은 무언가가 있다. 그들에게는 체계도 없고, 추상적 사고도 없다. 잠깐씩 모든 것을 하되 오래 지속하는 것은 아무것도 없다.

아일랜드인은 야성적인 민족이다. 그들은 이성을 규율하고 의지를 제약하는 모든 것을 증오한다. 사회적 책임이나 도덕적 원칙을 저버리는 행위조차, 그리고 자신을 도와준 사람이나 가까운 이들에게 반기를 드는 행위조차 그들에겐 오히려 자유의 회복처럼 느껴진다. 다시 말해 은혜를 베푼 이들이나 친구들에게 반기를 드는 일도 자유로운 의지를 주장하는 하나의 방식이다. 그들은 일관성과 성실함을 원하면서도 격렬함과 경솔함을 동시에 지닌다. 그들의 돌진하는 충동 속 밑바닥에는 계산된 이기심과 교활함이 흐른다. 그들의 열정은 지속적인 관심이나 반대가 없으면 차갑고 정체된 상태로 변한다. 피는 열정으로 달아오르지 않으면 독으로 변한다. 그들이 한때 애정을 쏟았던 대상에 대해 느끼는 증오는 그 애정의 깊이만큼이나 격렬하다. 또한 자신의 이념이나 신념이 배신당했을 때 터져 나오는 분노는 거의 광란에 가깝다.

고(故) 에드먼드 버크[11]는 아일랜드의 애국자이자 철학자로, 그가 보여준 태도는 아일랜드인의 특성을 단적으로 드러낸다. 그는 형이상학을 조롱했다. 그것에서 아무것도 얻을 수 없었기 때문이다. 그리고 자유로부터 더 이상 얻을 것이 없다고 판단하자 그녀에게 등을 돌렸다. 같은 맥락에서, 마리아 에지워스의 『캐슬 래크렌트』에 나오는 주디의 성품이 어떻게 그려지는지 참고하라.[12]

---

11 에드먼드 버크는 한때 자유주의적 입장을 취했지만 프랑스 혁명 이후 보수주의로 돌아선 인물이다. 해즐릿은 그를 기회주의적 철학자로 비판하며, 자유를 추구한 척하다가 이익이 없자 버린 인물로 묘사한다.
12 마리아 에지워스의 『캐슬 래크렌트』에서 주디라는 인물은 사회적 기대를 저버리고 자기 이익을 좇는 모습으로 마무리된다. 해즐릿은 이 문학적 사례를 통해 버크의 행동과 유사한 인간적 모순을 강조한다.

에드먼드 버크

위선적인 신앙인은
하나님을 속이기 전에
먼저 자기 자신을
속여야 한다.

종교의 가면

　종교는 사람을 진정으로 현명하고 선하게 만들 수 있고, 그런 척하게 만들 수도 있다. 후자의 경우, 사람은 타인에게뿐 아니라 자기 자신에게도 거짓말을 하게 된다. 깊이 있는 사고를 하지 않는 이들에게 종교는 오히려 자기 자신을 진정으로 이해하는 데 장애물이 될 수 있다. 만약 전능한 존재가 자신을 지켜보며 판단한다고 믿으면서도, 그 믿음이 실제 삶의 개선으로 이어지지 않는다면, 그 사람은 결국 자신이 누구이며 왜 그런 행동을 하는지 스스로를 속이기 시작할 수 있다. 그는 자신의 결점은 외면한 채, 자신이 실제보다 더 나은 사람이라고 믿으려 한다. 마치 자기가 자신의 결점을 무시하면 하나님도 그것을 보지 않으리라 기대하듯이.

그래서 그는 옳은 일을 하려는 대신, 심지어 신까지 속여 가면서 평생 자신의 실수를 감추고 변명을 만들어 내는 데 몰두한다. 그는 마음 깊은 곳에서 자신이 잘못했다는 사실을 알고 있다. 그리고 하나님께서 그 모든 것을 보고 계신다는 것도 안다. 이 두려움이 그를 악행 앞에서 완전히 멈추게 하지는 못할지라도, 최소한 스스로에게 변명을 늘어놓을 만큼은 그에게 불편함을 느끼게 한다. 일상 속에서 영리한 거짓말쟁이는 타인을 속이며 쾌감을 느끼고, 때로는 그 능숙함에 자부심을 갖기도 한다. 하지만 그런 속임수는 하나님 앞에서는 통하지 않는다. 위선적인 신앙인은 하나님을 속이기 전에 먼저 자기 자신을 속여야 한다. 마치 눈을 가린 아이가 아무도 자신을 보지 못한다고 믿는 것처럼 말이다.

신앙인들은 종종 많은 죄를 용서해 달라고 기도한다. 그 모습은 겸손해 보일 수 있지만, 정작 구체적인 잘못에 대해 인정하거나 특정한 사건에서 자신이 틀렸다고 말하는 경우는 드물다. 인간의 본능적인 자기방어는 처벌에 대한 두려움으로 더욱 강화되며, 그들은 마치 법정에 선 피고인처럼 모든 비난을 부인한다. 그래서 신앙인이 위선적일 때는 가장 심각한 형태의 위선자가 되곤 한다. 겉으로는 경건함을 가장하면서도, 내면에서는 진실을 외면하고 자기기만에 빠지는 것이다.

종교 지도자들이 교묘하게 자신에게 유리한 방식으로 행동할 때, 이를 흔히 '성직자의 술수(Priestcraft)'라고 부른다. 성직자들은 그들의 역할상 실제보다 더 도덕적이고 고결한 사람처럼 보이기를 요구받는다. 그들은 늘 엄격한 절제와 자기 통제를 유지해야 하며, 자신의 언행을 끊임없이 감시하고 한순간도 방심해서는 안 된다. 단 하나의 실수라도 드러나는 순간, 그들의 명성은 쉽게 무너질 수 있기 때문이다. 이러한 부담은 그들을 더욱 위선적인 태도로 몰아가기도 한다. 겉으로는 경건함을 유지하면서도, 내면에서는 권력과 체면을 지키기 위한 계산이 작동하는 것이다. 그들의 권위와 존경은 도덕적으로 우월한 존재로 보이는 데서 비롯된다. 바로 그 이미지 덕분에 사람들의 신뢰와 무지를 이용하고 싶은 유혹에 쉽게 빠질 수 있다. 그러나 이러한 역할의 압박은 정직함이나 소박함을 북돋기보다는, 오히려 꾸며진 태도와 연기를 낳는다. 또한 타인의 죄를 비판하는 데 너무 많은 시간을 쏟다 보니, 정작 자신의 내면을 돌아보는 일을 잊어버리곤 한다. 죄를 외부의 문제로 여겨 마치 자신은 그 범주에 속하지 않는 듯 행동한다. 이는 마치 학생들의 실수만 지적하고 자신은 결코 틀리지 않는다고 믿는 교사와 같다.

종교 지도자들 중 일부는 자신을 신의 심판을 전달하는 통로처럼 여긴다. 그들은 하나님의 분노를 타인에게 겨냥

하면서 자신은 그 심판에서 예외라고 생각한다. 그리고 자신을 완전한 도덕 체계의 일부로 인식하며, 자신의 행동에 대한 비판을 개인에 대한 공격이 아니라 자신이 대표하는 역할이나 제도에 대한 위협으로 받아들인다. 공식적으로는 교황만이 지상에서 하나님의 대리인임을 주장하지만, 실제로는 고위 성직자부터 소박한 퀘이커 교도에 이르기까지 많은 종교 인사들이 자신이 신의 뜻을 직접 대변한다고 믿는다. 비록 거창한 직함을 사용하지 않더라도, 그들은 자신의 말에 초월적인 권위가 실려 있다고 여긴다. 때로는 제도적 권위를 거부하면서도, 자신들의 발언이 마치 신의 음성처럼 받아들여지기를 기대한다.

공적인 종교적 이미지가 위선을 가능하게 하는 또 하나의 방식은, 그것이 은밀한 '면책 수단'을 제공한다는 점이다. 누군가가 매우 신실한 척하다가 부끄러운 행동이 드러났을 때, 그는 "오직 하나님만이 내 마음을 아신다"는 말로 세상의 판단을 피하려 한다. 타인의 의견은 무시하고, 자신은 더 높은 권위에만 책임을 진다고 주장한다. 자신이 하늘과 올바른 관계에 있다고 믿는 한, 그들은 비판을 가볍게 여기고 오히려 자신을 판단하는 사람들을 불쌍하게 여긴다. 이러한 태도는 외부의 도덕적 기준을 거부하면서도, 내부의 자기 확신만으로 모든 행동을 정당화하려는 위험한 자기기만으로 이어질 수 있다. 이러한 사고방식, 즉 옳고 그름의 기준을 오직 자기 내면에만 설정하고 타인이 그것을 검증할 수 없도록 만드는 태도가 사람을 쉽게 기만의 길로 이끈다. 개인적인 신념이라는 미명 아래, 그들은 자신의 행동이 의심스러울 때조차도 그것을 숨기고 정당화할 수 있다.

고전 희곡과 소설은 이러한 위선을 놀라울 정도로 정확하게 묘사한다. 예를 들어 필딩의 『아멜리아』에 등장하는 미스 해리스[1]나 몰리에르의 희곡 『타르튀프』[2]는 종교가 어떻게 이기적이고 부정직한 목적을 위해 왜곡될 수 있는지를 보여 주는 대표적인 사례들이다. 타르튀프는 많은 위선자들과 마찬가지로 종교를 방패처럼 이용한다. 종교는 그가 몸에 두른 망토이자, 언제든 꺼내 쓸 수 있는 도구와 같다. 그에게 '내면의 양심'은 변명이고, 방어이며, 어떤 곤경에서도 빠져나올 수 있는 출구가 된다. 이 양심은 그가 무

---

[1] 영국 소설가 헨리 필딩의 소설 『아멜리아』(1751)에서 미스 해리스는 위선적이고 표리부동한 인물이다. 그녀는 아멜리아에게 도움과 충고를 해 주는 좋은 친구로 보이지만 그녀의 본의는 겉보기와 다르다. 미스 해리스는 아멜리아의 남편 부스 대위에게 남몰래 속임수를 쓰고 도박을 하게 부추겨서 그들의 결혼을 위기에 빠뜨리려 한다. 미스 해리스의 이중성은 아멜리아의 도덕성, 신실한 천성과 대조를 이룬다.

[2] 몰리에르의 『타르튀프』(1664)는 종교적 위선을 풍자한 희곡으로, 당시 프랑스 사회에서 큰 논란을 일으켰다. 타르튀프는 경건한 척하며 주인 오르공의 신뢰를 얻고, 그 신앙심을 교묘히 이용해 권력과 이익을 챙긴다. 그는 신의 뜻을 빙자해 자신의 욕망을 정당화하며, 종교적 언어를 통해 자신을 방어하는 데 능숙하다. 이런 인물들은 단순한 '악당'이 아니라, 도덕과 신앙을 가장하여 진실을 흐리는 복잡한 위선의 구조를 보여 준다.

엇을 하든 무죄를 보장해 주며, 그를 폭로하는 일을 거의 불가능하게 만든다. 이와 같은 논리로 오래된 의견 하나를 설명할 수 있을 것이다. 즉 국교에 순응하지 않는 사람들, 예를 들어 유대인이나 장로교도처럼 사회적으로 낙인찍힌 이들이 주류 집단보다 특정한 악습에 더 쉽게 빠진다는 주장이 그것이다. 그들은 세상의 경멸에 단련되어 있으며, 그 편견에 맞서 강인해졌다. 그리고 부당한 비난에 맞서 자신을 지켜주는 그 무관심은 상황에 따라 가장 비열한 행동을 감추는 방패로도 쉽게 바뀔 수 있다. 그들은 타인에 대한 진심 어린 공감이 없으며, 따라서 사람들과의 교류에도 진정성이 결여되어 있다. 처음부터 숨겨야 할 필요성이 있었기에 위선이라는 습관이 생겨났고, 어느 정도는 그것이 위선을 정당화하는 이유가 되기도 한다.

위선은 흔히 비겁함과 관련이 있는 만큼, 사람들은 그것이 육체적 나약함이나 정신적 기백의 부족을 뜻한다고 생각한다. 하지만 위선에 따르는 뻔뻔함과 무감각함은 오히려 강건한 체질과 단단한 성격이 전제되어야 할 것이다. 확실히 세상에는 건장하고 유쾌하며 활력 넘치는 위선자들이 있는데, 이들은 마치 위선을 업으로 삼는 '수도사 존'[3]

---

[3] '수도사 존(Friar John)'은 셰익스피어의 『로미오와 줄리엣』에 나오는 조용한 수도사가 아니라, 프랑수아 라블레의 풍자 소설 『가르강튀아와 팡타그뤼엘』에 등장하는 강인하고 거침없는 수도사 존을 가리킨다. 그는 수도사답지 않게 싸움을 즐기고, 육체적으로 강하고, 말이 거칠며, 행동이 과감하다. 성직자임에도 신앙심

같은 존재들이다.

 화가 라파엘로는 마법사 엘리마[4]를 뼈와 근육으로 이루어진 크고 투박한 몸집과 철처럼 단단한 얼굴을 지닌 인물로 그렸다. 엘리마는 연약한 신경이나 양심의 가책 따위에는 전혀 흔들리지 않는 사람처럼 보인다. 타인에 대한 공감은 철저히 거부하며, 주변의 비난이나 의심에도 흔들리지 않고 자신의 길을 고집스럽게 밀고 나간다. 그는 다른 이들의 순진함을 이용해 덫을 놓고도, 정작 자신은 그 어떤 환상에도 걸려들지 않고 손쉽게 빠져나올 수 있는 자다. 상상력이 없고 고집스러우며 냉철한 마법사의 내면이 그의 외형에서 그대로 드러난다.

이나 겸손함보다는 행동력과 공격성이 두드러진다. 종교적 권위를 지닌 인물이지만, 실제 행동은 세속적이고 폭력적이기 때문에 '성공적이고 위협적인 위선자'의 상징으로 쓰인다.
4 르네상스 시대의 화가 라파엘로가 교황 레오 10세를 위해 제작한 〈엘리마의 실명 사건(The Blinding of Elymas)〉은 『신약성경』「사도행전」 13장에 등장하는 강렬한 장면으로, 신앙과 권위, 영적 진실에 대한 상징적인 메시지를 담고 있다. 성경 속 이야기 엘리마(Bar-Jesus)는 키프로스섬 파포스(Paphos) 지역의 유대인 마술사이자 거짓 예언자였다. 바울과 바나바가 로마 총독 세르기우스 바울에게 복음을 전할 때, 엘리마는 이를 방해하며 총독이 믿지 못하도록 막는다. 이에 바울은 성령으로 충만해져 엘리마를 꾸짖고, 그가 일정 기간 눈이 멀게 될 것이라고 선언한다. 그 즉시 엘리마는 안개와 어둠에 휩싸여 앞을 보지 못한 채 사람의 손을 더듬으며 인도받는 상태가 된다. 이 기적을 본 총독은 깊은 감명을 받아 기독교로 개종한다. 라파엘로의 그림 속에서 엘리마는 사도 바울이 눈을 멀게 하는 순간에도 마치 자신이 벌을 받는다는 사실조차 느끼지 못하는 듯한 인상을 준다.

라파엘로 〈엘리마의 실명 사건〉 1516년

상대방의 진짜 속마음을

알고 싶다면 그의 얼굴을 보라.

말은 얼마든지 바꿀 수 있지만

표정은 쉽게 바꿀 수 없기 때문이다.

인격[1]을 안다는 것은

우리는 이 주제에 대해 그동안 얼마나 많은 기회와 경험을 쌓아왔는지 모른다. 그런데도 여전히 잘 모른다는 사실은 정말 놀랍다. 나 자신만 해도 그렇다. 인격에 대해 알면 알수록, 오히려 더 이해하지 못하고 있다는 생각이 든다.

몇 년 전 파리에서 돌아오는 마차 안에서 나눈 대화가 떠오른다. 어떤 남자가 13년의 긴 구애 끝에 결혼했다는 이야기가 나오자, 한 영국인 승객이 이렇게 말했다. "그 정도면 이제 아내의 인격은 충분히 아시겠군요." 그러자 '보

---

[1] 해즐릿에게 '인격(character)'이란 개인의 도덕과 지적 성향이 합쳐진 본질을 가리키며, 이는 표정과 눈빛처럼 의도적으로 숨길 수 없는 외적 징표를 통해 드러나는 것이다. 그는 인격을 파악하는 방식으로 '얼굴(looks), 말(words), 행동(actions)'을 제시하고 이 가운데 얼굴이 가장 믿을 만하다고 본다. 말은 생각을 숨기기 위해 주어졌고, 행동조차 위장될 수 있지만 얼굴은 우리가 생각하고 느낀 것을 말해 준다는 이유에서다.

이지 않는 소녀[2]의 발명자이자 소유자인 프랑스인 P—가 곧바로 이렇게 응수했다. "전혀 그렇지 않을 겁니다. 그 여자는 결혼한 다음 날부터 그동안 보여 준 모습과는 완전히 다른 사람으로 변할 수도 있어요." 나는 그 순간 이 프랑스인의 통찰력에 감탄하지 않을 수 없었다. 그리고 그때 처음으로 '우리가 〈인격〉이라는 수수께끼의 바닥에 도달할 수 있을까' 라는 의문이 들었다.

인격을 파악하는 데에는 여러 가지 방법이 있다. 외모, 말투, 행동이 그것이다. 이 중 겉보기에 가장 피상적으로 보이는 첫 번째 방법, 즉 외모를 통한 판단이 오히려 가장 안전하고 가장 덜 속기 쉬운 수단일지도 모른다. 사람들은 겉으로는 그렇지 않다고 말하면서도 실제로는 이 방법에 가장 흔히 의존한다. 직업이나 사회적 지위는 인격을 판단하는 데 별 도움이 되지 않는다. 행동은 얼마든지 꾸며낼 수 있지만 사람의 얼굴은 속일 수 없다. 한 재치 있는 인물[3]이 "말은 인간에게 생각을 감추라고 주어진 것이다"라고 말한 적이 있다. 하지만 위선자들도 말없이 조용할 수 있다는 점에서, 말이 없다고 해서 반드시 진실한 사람이라고

---

[2] '보이지 않는 소녀(Invisible Girl)'란 18-19세기 박람회에서 선보였던 환상적인 마술 장치로, 관객은 보이지 않는 소녀의 목소리를 듣는 신비로운 체험을 했다.
[3] 샤를 모리스 드 탈레랑 페리고르(1754-1838)는 프랑스 혁명, 나폴레옹 시대, 부르봉 복고기, 그리고 루이-필리프 치하까지 네 차례에 걸쳐 외무장관을 역임한 정치가이자 외교관이었다. 그는 놀라운 정치적 생존력과 기민한 외교 수완으로 유명했다.

인격을 안다는 것은

볼 수는 없다. 크롬웰의 초상화를 보면 그의 입이 꼭 다물려 있다. 마치 말이 새어나갈까 두려워 입을 꼭 다문 사람처럼 보인다. 체스터필드 경은 이렇게 조언한다. "상대방의 진짜 속마음을 알고 싶다면 그의 얼굴을 보라. 말은 얼마든지 꾸밀 수 있지만, 표정은 쉽게 감출 수 없기 때문이다." 위대한 화가가 한 사람의 인생을 담아 그린 초상화에는 그의 진짜 인격과 비밀이 고스란히 새겨져 후대까지 전해질지도 모른다.

카를 5세나 이냐시오 데 로욜라[4] 같은 역사적 인물들에 대해서는 그들이 살아 있을 당시에도 사람들의 의견이 엇갈렸다. 물론 그 이유는 그들을 바라보는 사람들의 개인적인 감정이나 이해관계 때문이기도 했지만, 그 인물들이 겉으로 드러낸 행동들 속에 서로 모순되는 증거들이 섞여 있었기 때문이기도 하다. 하지만 티치아노가 그린 초상화를 보면 그들의 진짜 모습을 한눈에 그리고 정확하게 판단할 수 있다. 나는 멋진 묘비명 하나를 남기기보다, 나를 잘 담아낸 초상화 한 점을 남기고 싶다.

대체로 얼굴은 우리가 어떤 생각을 해왔고, 어떤 감정을

---

[4] 카를 5세는 1519-1556년에 걸쳐 신성 로마 제국 황제이자 스페인 국왕이었다. 그는 유럽과 아메리카에 걸친 광대한 제국을 다스렸으며, 가톨릭을 지지하고 마르틴 루터를 탄압했다. 이냐시오 데 로욜라는 스페인 귀족 출신의 기사로 후에 사제로 전향했으며 예수회를 창립했다. 가톨릭 개혁의 핵심 인물로, 교육과 선교를 통해 교회의 쇄신을 이끌었다. 이 둘은 같은 시대를 살았지만 한 사람은 제국을 지키기 위해 싸웠고, 다른 한 사람은 영혼을 구하기 위해 헌신했다.

느껴왔는지를 말해 준다. 그 외의 것들은 별 의미가 없다. 나는 존 던의 시집 앞에 붙은 거칠고 희미한 초상화에서 그가 직접 쓴 어떤 글보다도 더 깊은 인상을 받았다. 카이사르가 『갈리아 전기』 같은 훌륭한 책을 썼다 해도 만약 그의 흉상이 웰링턴 공작[5]을 닮았다면 나는 그를 높이 평가하지 않았을 것이다. 내 오랜 친구 포셋[6]은 늘 이렇게 말하곤 했다. "설령 아이작 뉴턴이라 해도, 그가 허짤배기였다면 나는 그를 대단하게 보지 않았을 거야." 바보처럼 생긴 사람을 위대한 인물이라 믿는 데에는 나 역시 좀처럼 마음이 움직이지 않는다. 물론 이 점에서 내가 틀렸을 수 있다.

첫인상이 가장 진실에 가까운 경우가 많다. 우리는 첫인상을 그럴듯한 말이나 행동에 속아 잊어버렸다가, 결국 대가를 치르고서야 그 사실을 깨닫곤 한다. 한 사람의 얼굴은 오랜 세월이 만든 결과물이며, 그의 삶 전체가 표정에 새겨져 있다. 아니, 그것은 자연이 직접 찍어낸 흔적이며 쉽게 지워지지 않는다. 사람을 처음 봤을 때 왠지 모르

---

5   전쟁 영웅이자 보수적인 정치가였던 웰링턴은 총리로서 개혁을 저지하고 기존 체제를 유지하는 입장을 취했다. 반면, 낭만주의자이자 급진적인 사상가로 자유로운 정신을 중시한 해즐릿은 그러한 웰링턴에게 강한 반감을 가졌다.
6   Joseph Fawcett(1758-1804), 영국의 비국교도 목사이자 문학 강연자. 해즐릿은 그를 자신의 첫 문학적 스승이라 부르며, 그의 철학적 통찰과 문학적 취향을 높이 평가했다. 질투나 편협함이 전혀 없는 사람, 프랑스 혁명의 열렬한 지지자, 그리고 자유와 인간의 행복을 진심으로 바랐던 인물이라고 말했다.

게 마음에 들지 않을 때가 있다. 그 불편한 기분은 설명하기 어렵지만 분명히 존재한다. 그런데 우리는 그 느낌을 다른 여러 상황 속에서 잊어버리고 지나친다. 그러다가 시간이 지나 그 사람이 본모습을 드러내면, 처음에 느꼈던 그 이상한 기분이 사실이었음을 분명하게 알게 된다. 우리는 처음 누군가를 봤을 때나 우연히 마주친 순간에 그 사람의 특징적인 인상이나 분위기를 강하게 느낄 수 있다. 그 순간 상대의 본질적인 성향이나 전체적인 인상이 느껴지는데, 시간이 지나면서 그런 인상은 사라지고 평범하고 의미 없는 세부 사항들만 남게 된다. 그래서 첫인상 즉 겉으로 드러나는 최초의 느낌은 그 사람이 하는 말이나 행동보다도 그 사람을 더 잘 보여 준다. 왜냐하면 첫인상은 어떤 상황에서도 변하지 않는, 그 사람의 마음의 습관을 드러내기 때문이다.

한편, 일반적으로 겉모습만으로는 사람을 판단할 수 없다고들 한다. 예를 들어 그 사람이 누구인지 모른다면, 아무도 그를 아주 똑똑하다고 생각하지 않을 것이다. 그렇다면 십중팔구 그는 실제로 똑똑한 사람이 아니다. 그렇다는 명성은 얻었을지 몰라도 잘못된 평가인 것이다. 혹자는 이렇게 말할지도 모른다. "―씨는 분명히 뛰어난 천재지요. 하지만 특별히 무언가에 자극받지 않으면 거의 죽은 사람처럼 보입니다." 그는 재치가 넘치지만, 생동감과 활기는 부족하다. 그는 무척 너그럽게 행동할 수 있는 사람이지만, 그의 모든 몸짓에는 왠지 비열함이 따라붙는 듯하다. 그는 초라해 보인다. 사실 정말로 초라한 사람이다. 그가 처음 주는 인상은 그가 스스로 느끼는 자기 정체성과 거의 일치한다. 그의 생각 속에서 떠오른 이 자아의 모습은 그의 능력을 감싸며 집 안에 있을 때도, 거리로 나설 때도, 잠자리에 들 때조차 그를 따라다닌다. 그의 삶에서 가장 나은 부분조차도 흐릿하고 침울하며 무겁다. 간혹 그 속에서 번쩍이며 흘러나오거나 여기저기 스치는 빛줄기가 사람들의 눈을 현혹할 수는 있지만, 그 자신을 속이지는 못한다. 겸손은 미덕이라 불리지만 때로는 스스로의 부족함을 드러내는 고백이다. 자신을 지나치게 낮추는 사람은 타인에게도 그만큼 낮게 평가받는다. 그가 어떤 훌륭한 자질을 지니고 있더라도 그것은 결국 그의 핏줄에 흐르는 '음습하고 무기력한 성향'에 의해 무력화된다. 이 성향은 그의 주장에서 생기를 빼앗고, 행동에서 핵심과 깊이를 앗아간다.

 내가 이『좌담』이라는 책에 들어갈 에세이들을 쓸 수 있다는 것이 과연 나에게 어떤 의미가 있을까? 물론 억지로 기억을 더듬어 반쯤 잊혀진 생각들을 끌어올릴 수는 있다. 하지만 그 생각들은 내 마음속에 자연스럽게 떠오르지도 않고, 막상 떠올리면 기쁨도 자부심도 느껴지지 않는다.

인격을 안다는 것은

　이 글들에 대한 저작권의 대부분은 다른 사람들이 가지고 있다. 그들은 이것으로 이익을 얻을 수 있지만 나는 고통을 겪었을 뿐이다. 이 글들은 내게 존재하지 않았던 것이나 다름없다. 내가 글로 쓴 생각을 과거에 했다는 사실조차, 내가 세상과 어울리지 않는 이질적인 존재처럼 느껴질 때에야 비로소 기억에 떠오를 뿐이니까. 콜리지의 얼굴을 보라. 그가 말을 할 때, 그의 말은 죽은 갈비뼈 속에 영혼을 불어넣을 만큼 강력하다. 그러나 그의 얼굴은 공허하다. 우리는 그의 마음을 무엇으로 판단해야 할까? 그의 마음속에는 고통, 무기력, 희미한 기억들이 불편하게 자리 잡고 있다. 그의 입술은 기계적으로 움직일 뿐이다.

　우리가 오래 알고 지냈고 딱히 흠잡을 데가 없는 사람인데도 왠지 마음이 가지 않는 경우가 있다. 흔히 말하듯 "생긴 것부터 마음에 들지 않는다." 그 이유를 정확히 알 수는 없어도 그런 편견에는 대개 어떤 근거가 있다. 자연은 스스로에게 정직하니까. 그는 분명 좋은 사람일지도 모른다. 그러나 그의 태도 전체에서 풍기는 어떤 기운은 우리에게 냉정함, 이기심, 경박함, 혹은 진실되지 못함을 암시한다. 말이나 행동 하나하나를 따져 보아도 명확한 근거는 없다. 하지만 그의 존재는 마치 잘 짜인 연극처럼 모든 결점을 감추기 위해 치밀하게 설계된 듯하다. 그는 나름대로 괜찮은 사람일 수도 있다. 그런데 여전히 어딘가 불편한 구석이 있다. 차가움, 이기심, 가벼움, 불성실함 같은 것들이 특정한 말이나 행동으로 드러나지는 않지만, 그의 전체적인 태도와 분위기 속에서 느껴진다. 우리가 그것을 구체적인 방식으로 알아차리지 못하는 이유 중 하나는, 그가 자기의 결함을 숨기기 위해 온갖 방법을 동원하고 있기 때문일지도 모른다. 다행히도 도덕적 직관에는 일종의 '제2의 시각'[7]이 있다. 우리는 사람의 성격이나 습관에 숨겨진 미묘한 신호를, 그것이 겉으로 드러나기 훨씬 전에 직감적으로 알아차릴 수 있다. 예전에 어느 식당에서 자주 마주치던 사람이 있었다. 그는 매우 공손하고 외모도 훌륭한 사람이었지만 눈빛이 이상했다. 그 눈빛은 마치 속눈썹 아래로 나를 꿰뚫어보는 듯한데도 나는 그를 제대로 볼 수 없는 느낌이었다. 그 사람은 알고 보니 흔한 사기꾼이었다.

신체나 성격에 선천적인 결함이 있는 사람과 함께 있을 때도 우리는 왠지 모르게 불편함을 느낀다. 왜냐하면 그들은 자기 자신과도 완전히 화해하지 못한 상태이고, 때때로 자연이 자신에게 준 결함을 다른 사람에게 되갚으려는 경향이 있기 때문이다. 하지만 어쩌면 이 말은 하지 말아야

---

[7] 해즐릿이 말하는 '제2의 시각'은 마치 예지력처럼 인격이나 도덕적 결함이 겉으로 드러나기 전에 그것을 직관적으로 감지하는 작용이다.

했을지도 모른다. 내가 아는 어떤 사람[8]은 친구로서 적합하지 않다고 여겨지는데, 그 이유 중 하나는 누구와도 진심 어린 악수를 하지 않는다는 것이다. 솔직히 말해 그의 이런 태도는 외향적이고 활기찬 성격의 사람들에게는 꽤 실망스러운 것이다. 그들은 직접적인 표현과 겉으로 드러나는 예의에 익숙하니까. 하지만 겉으로는 당신과 함께 있어도 별 기쁨을 표현하지 않는 사람이 다른 친구들보다 가장 늦게 자리를 뜨고, 대화 주제에 진지하게 몰입하며, 우정이나 신념을 쉽게 포기하지 않는다. 겉보기에는 차갑고 무뚝뚝해도 그는 자신이 '훌륭한 증오자들의 왕'이라는 점에 자부심을 느낀다. 또한 그는 열정적인 편파주의자이기도 하다.[9] 가장 냉정해 보이는 성격 속에도 가장 불타는 열정이 숨어 있을 수 있다. 가장 단단한 부싯돌에서 불꽃이 잘 튀듯이.

이런 점 역시 인격을 판단하기 어렵게 만드는 또 하나의 이유다. 극과 극은 통하고, 어떤 성격이나 자질은 겉보기와 정반대의 모습으로 드러날 수 있다. 어떤 성향은 평소에 억눌려 있다가 기회가 생기면 오히려 더 격렬하게 드러

---

8 해즐릿 자신을 일컫는다.
9 해즐릿이 곧잘 쓰는 '훌륭한 증오자' 또는 '훌륭한 혐오자'라는 말은 단순한 혐오가 아니라, 신념에 기반한 강한 반감이나 비판적 태도를 의미한다. '열정적인 편파주의자'라는 말은 특정 입장이나 대상을 지지하거나 반대하는 데 있어 매우 적극적이라는 뜻이다.

난다. 가장 세련된 사람에게서 가장 거친 모습이 나타나는 것도 상반된 모습들이 서로를 자연스럽게 보완하려는 작용일 수 있다. 그리고 처음에는 무뚝뚝하고 냉담해 보였던 사람이 시간이 지나면 가장 활발하고 따뜻한 성격의 소유자로 드러나는 경우도 있다.

어떤 사람은 처음부터 에너지를 다 써 버리고, 어떤 사람은 시간이 지나면서 점점 힘을 얻는다. 또 어떤 사람은 외부의 자극이나 인상을 쉽게 흘려보내는 성향을 가지고 있다. 마치 투명하거나 구멍이 많은 존재처럼. 이런 점에서 프랑스인과 영국인은 뚜렷한 대조를 이룬다. 프랑스인은 처음부터 활기차면서도 가볍게 말을 건넨다. 반면 영국인은 경계심이 많아 조심스럽게 접근하며, 매우 과묵하거나 아니면 처음부터 깊은 신뢰를 보여 주는데, 그 신뢰가 낯선 사람에게는 쉽게 전달되지 않는다. 프랑스인은 본래 인간적인 기질을 지닌 반면, 영국인은 습관적으로 친절할 뿐이다. 영국인은 미덕을 지녔든 악덕을 지녔든 프랑스인처럼 쾌활하고 변덕스러운 이웃들보다 훨씬 더 큰 대가를 치른다. 영국인은 자신의 생각을 솔직하게 말한다고들 하지만, 상대가 상처받을 것 같을 경우에 그렇다. 영국인은 자신의 말에 누가 상처를 입든 안 입든 개의치 않는다. 반면에 외국인은 자신의 말이 상대에게 기분 좋게 들리도록 노력한다. 프랑스인은 약속은 많이 하면서 실천은 적다고 비난받는다. 그럴 수도 있다. 하지만 그들이 실제로 행하는 친절한 행동의 수는 영국인의 경우와 별반 다르지 않을지도 모른다. 왜냐하면 영국인은 약속을 꺼리는 만큼 행동도 꺼리는 경향이 있기 때문이다. 프랑스인의 친절한 표현이나 약속은 때로 즉흥적인 충동에서 나오는 것이며, 그 순간에는 진심일 수도 있다. 하지만 그 호의가 깊거나 오래 가는 경우는 드물다.

그럼에도 나는 프랑스인이 진지하지 않다고 생각하지는 않는다. 오히려 일반적인 영국인들보다 더 깊이 생각하는 사람들일지도 모른다. 프랑스인이 그저 가볍고 변덕스럽다고 생각하는 사람들이 있는데, 그렇게 가볍기만 하다면 어떻게 그토록 진지한 비극을 끊임없이 만들어 낼 수 있겠는가? 영국인은 비교적 느리고 꾸준한 성향이라고 여겨진다. 하지만 프랑스인이 더 빠르다고 해도, 그들 역시 영국인처럼 매우 꾸준하고 철저하다. 예를 들어 프랑스의 예술 작품을 보라. 얼마나 정교하고 완성도가 높은지, 진지하고 묵직한 창작물일수록 얼마나 더 치밀한 체계와 정확성을 기하는지! 요릭[10]이 말했듯이 "프랑스인의 결점이 있다면 너무 진지하다는 것이다." 재치, 지성, 명랑함, 인

---

10 셰익스피어의 『햄릿』이 아니라 로런스 스턴의 풍자 소설 『트리스트럼 섄디』에 등장하는 요릭이다. 요릭은 촌마을의 목사이자 유쾌하고 재치 있는 인물이며, 진지함을 경멸하고 프랑스인의 과도하게 엄숙한 태도를 유머러스하게 지적한다.

인격을 안다는 것은

내심, 선한 성품, 세련된 예절까지 갖추고도 그들에게 부족한 것은 상상력과 도덕적 원칙의 강인함이다! 두 나라의 국민성에는 이런 모순이 있으며, 어느 쪽도 제대로 이해된 적이 거의 없다. 우리는 남의 잘못은 부풀리고, 자신의 잘못은 줄여 말하는 데 익숙하다. 이처럼 우스꽝스러운 일이 또 있을까. 우리의 판단은 대부분 한쪽에서는 편견으로, 다른 한쪽에서는 자기 편 감싸기로 이루어진다. 진실한 보고를 하겠다고 떠난 여행자들조차 외국 땅에 발을 디디는 순간, 이해력뿐 아니라 감각마저 잃어버리는 듯하다. 사람들은 가장 흔한 사실조차도 왜곡하고 물들인다. 어떤 주제에 대해 미리 정해진 생각을 품고 여행을 떠나며, 논리에 반하더라도 그 생각에 맞춰 모든 것을 억지로 끼워 맞춘다. 우리와 다른 풍습과 예절을 설명하는 것 자체도 어려운데, 여기에 고집스러운 선입견까지 개입한다. 그 결과 각 나라가 서로에 대해 잘 알지 못하게 된 것은 그리 놀라운 일이 아니다. 상황이 이러하니 서로의 갈등을 키우려는 의도가 있을 때, 반복적인 왜곡과 악의적 혹은 어리석은 과장에 의해 사소한 차이조차 쉽게 격렬한 분쟁으로 번지게 된다.

인격에 대한 무지는 외국인에게만 국한되지 않는다. 우리는 우리와 조금 위나 아래 계층에 속한 같은 나라 사람들의 인격조차 잘 모른다. 낯선 사람의 인격에 대해 단정적으로 판단할 수 없다고 하면서도, 우리는 친구나 가족 그리고 자기 자신에 대해서도 잘 알지 못한다. 이런 모든 경우에서 우리는 대상과 너무 가까이 있거나, 혹은 너무 멀리 떨어져 있어 제대로 판단할 수 없는 것이다.

예를 들어 상류층이나 중산층에 속한 사람들은 자신보다 아래 계층, 즉 하인이나 시골 사람들의 인격에 대해 거의 아무것도 모른다.[11] 이 주제에 대해 내가 가장 먼저 내세우고 싶은 일반 원칙은, 배우지 못한 사람은 모두 위선자라는 것이다.[12] 이들의 유일한 목적은 속이는 것이다. 이들은 자신이 타인과 적대 관계에 있다고 여기며, 전쟁에서는 속임수도 정당하다고 믿는다. 부엌과 응접실의 사람들 사이에는 (감정과 의도에 관한 한) 항상 홉스가 말한 '자연 상태'[13]가 존재한다. 하인이나 그와 비슷한 일을 하는 사람들은 주변 사람들 외에는 자기 상상력이나 재치를 발휘할 대상이 없다. 이들의 머릿속에서 전기처럼 튀며 떠도는 기

---

11 해즐릿은 상류층이 하층민의 내면을 이해하지 못한다고 지적한다. 이는 단순한 정보 부족이 아니라, 사회적 거리감과 구조적 단절에서 비롯된 문제라는 생각이다.
12 "배우지 못한 사람은 모두 위선자"라는 말은 도발적이지만, 여기서 해즐릿이 뜻하는 위선은 사회적 생존 전략으로서의 위선이다. 하층민은 자신이 적대적 환경에 놓여 있다고 느끼며, 그 속에서 속임수와 위장은 정당한 방어 수단이 된다는 것이다.
13 홉스는 인간이 법과 질서 없이 살아갈 때, 모두가 모두와 싸우는 상태를 "자연 상태"라고 불렀다. 해즐릿은 이를 인용해 하인과 주인 사이의 감정적 긴장과 불신을 묘사한다. 즉 표면적인 질서 아래 감춰진 갈등과 적대감을 드러내는 표현이다.

지와 환상은 소설이나 낭만적인 이야기 같은 세련된 통로를 통해 흘러나가지 않는다. 이들의 능력은 책 속에 묻혀 있지 않고 살아 움직이며, 고양이의 등처럼 곤두서 있다. 이들의 거칠고 투박한 대화 속에는 야생적인 재치와 끊임없이 새로워지는 창의성이 반짝인다. 상전[14]은 이들을 자신보다 아래로 두기 위해 온갖 노력을 기울이고, 이들은 상전을 자신의 수준으로 끌어내리기 위해 온 힘을 다한다. 이들은 가족 내의 결점이라는 자잘한 조각들을 모아 매일 펼쳐지는 소소한 희극, 즉 가정적이고 익숙한 드라마를 만들어 낸다. 그런 결점은 대체로 풍부하게 존재하며, 부족한 부분은 자기 상상으로 채운다. 이들은 남주인과 여주인의 성격을 뒤집어 해석하고, 그들의 진심 어린 친절이나 겸손한 태도조차 오히려 이들을 더 적대적으로 만든다. 그런 태도로는 이들을 감동시킬 수 없다. 이들이 품은 악의는 쉽게 꺾이지 않는다. 오히려 더욱 열심히 호의를 깎아내리고 상전의 인격을 깎아내리는 데 힘쓴다. 이들은 자신을 사회적으로 억압받고 타락한 계급으로 느끼며, 왜 의무는 자기들만 지고 모든 이익은 다른 쪽이 가져가는지를 이해하지 못한다. 이들과 동등한 입장에서 대화를 나누려 해

---

14 이 글에서 '상전'으로 옮긴 'betters'는 단순히 지위가 높은 사람들을 지칭하는 것이 아니라, 사회적으로 '우월하다'고 여겨지는 사람들을 해즐릿 특유의 비판적이고 냉소적인 시선으로 표현한 말이다. 즉 상류층, 고용주, 또는 자신을 하층민보다 우월하다고 여기는 사람들을 일컫는다.

도 그 시도를 의심스럽고 무의미하다고 여기며 거부한다. 감사나 호의는 기대할 수 없다. 마치 외부 세계와 단절된 공동체처럼, 이들은 특권층과 어떤 감정도 신뢰도 공유하지 않는다. 이들은 상전의 권력 아래에 있으면서 속임수와 교묘한 수단으로 균형을 맞추려 한다. 거짓말과 잔꾀, 핑계와 임기응변은 이들이 삶을 이루는 방식이다. 이를 막을 제약도 없다. 이들의 삶은 눈속임, 변명, 임시방편의 연속이며 여기에 진실이란 없다. 진리를 사랑하는 마음은 단순한 감정이 아니다. 그것은 오랜 시간 진리를 탐구해온 사람들에게만 생기는 태도다. 예술이나 과학처럼 지적 능력을 혹독하게 시험하는 분야에 몰두하는 사람들은 습관처럼 정확한 결론에 자부심을 느끼며 그 가치를 올바르게 평가할 줄 알게 된다.

 진리를 사심 없이 바라보려면 일상에서 멀리 떨어진 추상적인 질문들을 통해 그것을 깊이 숙고해 본 경험이 있어야 한다. 그런데 무지하고 속된 사람들은 오직 자신에게 직접적인 이해관계가 얽힌 일들에만 익숙하다. 이들의 모든 관념은 제한적이고 자기중심적이어서 결국에는 조잡하고 이기적일 수밖에 없다. 이들은 아무 말이나 떠오르는 대로 내뱉고, 무슨 일이든 자기에게 유리하게 해석하거나 이용하고, 자신에게 유리하다면 아무 이야기나 지어내고 아무 대답이나 내놓는다. 일반적인 원칙에 집착하기보다는 상황에 맞춰 거짓말을 꾸며내며, 그 거짓이 크고 과장될수록 더 좋아하고, 의외의 거짓일수록 그야말로 '하늘이 준 선물'처럼 여긴다. 이들은 그런 것에 대해 아무런 양심의 가책도 느끼지 않는다. 상전이 이들의 술수를 간파하더라도, 이들은 부끄러워하기는커녕 오히려 화를 낸다. 이들에게 항의하면 상전의 얼굴을 보고 비웃는다. 상전이 하인에게 영향력을 행사할 수 있는 유일한 부분은 이들이 직장을 잃고 싶지 않다는 마음뿐이다. 상전이 할 수 있는 일은 이들을 해고하는 것이다. 하인으로서의 봉사나 복무는 세습되거나 지속 가능한 자산이 될 수 없다. 하인들이 겉으로는 그럴듯한 후회의 태도를 보이며 상전이 눈감아 주기를 바라더라도, 그 순간에 이미 상전의 허점을 다시 파악하려고 들 것이다.

자유로운 감성이나 지식을 지닌 사람들은 문명 속의 야만인들과 뒤섞인 이런 종류의 교류 속에서 이들에게 이해받지도, 영향력을 행사하지도 못한다. 이들의 마음속에서 무슨 일이 일어나고 있는지를 어떤 징후나 원칙으로도 파악할 수 없다. 세상을 바라보는 시각 자체가 다르기 때문에 진정한 이해나 공감이 불가능하다. 서로가 참조할 수 있는 주제도 다르고, 자신을 표현할 수 있는 언어도 다르다. 상전의 관심사와 감정은 이들과 완전히 다르다. 상전은 도덕적 원칙이나 사회적 규범을 행동의 기준으로 삼지만 하인들은 자기 목적 외에는 아무것도 당연하게 여기지 않고 경험을 통해 즉흥적으로 지식을 습득하며, 이론이나 원칙보다는 상황에 따라 움직이는 실전형 사고방식을 지녔다.

> 그들은 먹잇감을 노리는 여우처럼 교활하고,
> 먹을 것을 위해 싸우는 늑대처럼 호전적이다.[15]

이들도 자신의 인격에 대해 어느 정도 신경을 쓰긴 한다. 인격이 생계나 출세에 영향을 줄 수 있기 때문이다. 하지만 그것이 품위나 도덕적 감각과 연결되어 있을 때는 전혀 신경 쓰지 않는다. 그래서 이들의 타고난 재치와 재능은 양심을 회피하고 평판을 유지하기 위한 이중의 임기응변 전략을 짜내는 데 쓰인다. 요컨대 이들은 예측 불가능하고, 신뢰할 수 없는 존재다. 이들을 믿는다면 배신당하고 속임수에 넘어갈 수밖에 없다. 상전은 신경써야 할 일이 많지만, 이들은 오직 상전만을 생각하며 어떻게 이용할 수 있을지 궁리한다. "주는 만큼 받는다"는 원칙은 이 경우에 통하지 않는다. 상전의 절제나 이들의 가식적인 섬세함에 기대어선 아무것도 쌓을 수 없다. 술집에서 웨이터와

---

15   셰익스피어 『심벨린』 III. iii.

친근하게 대화를 나눈 뒤, 상전은 우연히 그가 자신을 조롱하는 별명으로 부르는 것을 듣게 될 수 있다. 상전이 하숙집 딸에게 선물을 주면, 그녀의 어머니는 반드시 숙박료에 뭔가를 추가할 수 있을지 떠올린다. 이건 끊임없는 전투다.

사실 인간은 자신보다 우월한 존재를 본능적으로 불편해하며, 이를 심리적으로 거부하거나 조롱하려는 성향이 있다. 이것은 의무의 빚을 지우고, 겉으로 드러나는 특권이나 지위의 허울을 벗겨내려는 자코뱅적 성향이다. 그런가 하면 상전과 가까이 지내는 상황이 되면 그들을 자기 수준으로 끌어내릴 방법을 찾아내는 이들도 있다. 그렇게 상전을 낮추는 방식으로 평등을 만들어 낸다. "하인에게는 영웅이 없다"는 말이 있다. 최근에 이 말이 딱 들어맞는 일이 하나 있었다. 시던스 부인이 지적이고 세련된 분위기 속에서 손님들의 감탄에 찬 시선을 한몸에 받으며 셰익스피어를 낭독하고 있을 때 아래층 복도에서 하인 한 명이 이렇게 말했다. "뭐야, 저 늙은이가 또 시끄럽게 떠들고 있네!" 이처럼 사회의 서로 다른 계층 사이에는 공통점이 거의 없으며, 서로를 갈라놓는 관습과 지식의 차이는 결코 하나로 통합될 수 없다.

피첨 부인에 따르면, 여성은 남성의 인격을 판단하는 데 형편없이 서툴다. 그리고 남성도 여성의 인격을 판단하는

데 별반 나을 것이 없다. 결혼 상대를 고르는 걸 보면 알 수 있다. 사랑에 빠지면 흔히 눈이 먼다고들 하지 않는가. 결국 사랑은 기분과 환상의 문제인 것이다. 확실한 건, 이성에게 인기가 많은 사람이라고 해서 같은 성별 사람들에게도 존경받는 건 아니다. 내가 아는 똑똑한 사람들 중에서 여자들에게 인기가 많았던 사람은 딱 한 명뿐이었다. 그런데 이 사람은 (이 사례는 내 주장에 별로 도움이 안 되지만) 꽤나 허영심 많은 인물이기도 했다. 그가 이성에게 인기를 끈 건 똑똑해서가 아니라 그의 허세가 이상하게 매력 있었기 때문이다. 여자들은 사랑에 빠지면 자기 판단을 의심하는 경향이 있는 것 같다. 그리고 남자가 스스로 대단하다고 믿는 능력이나 매력을 그대로 믿어버리는 경우도 많다. 그렇다고 남자가 세상에서 인정받기 위해 갈고닦는 자질들, 즉 말솜씨, 천재성, 지식, 성실함 같은 것들이 여자의 마음을 얻는 데 꼭 도움이 되는 건 아니다. 물론 재치나 용기는 그런 효과가 있긴 하다. 또한 젊음이나 외모만으로 사랑을 얻는 것도 아니다. 여자의 마음은 알아내기도 어렵고, 제대로 맞추기는 더 어렵다. 그래도 이 미스터리에는 뭔가 결정적인 실마리가 있는 것 같다. 왜냐하면 여자들에게 늘 인기가 많은 남자들이 있고, 반대로 거의 항상 외면받는 남자들도 있기 때문이다. 그렇다면 여자를 강하게 끌어당기는 자석 같은 힘은 결국 그들에 대한 분명하고 숨김 없는 관심이 아닐까? 다른 어떤 것보다도 여자를 우선시하는 태도, 그들에게 집중하는 눈빛, 그들을 특별하게 여긴다는 느낌. 그런 게 사랑을 끌어당기는 진짜 이유일지도 모른다. 확신할 수는 없지만 나는 그런 생각에 점점 더 끌린다. 사랑을 얻는 데 성공하는 사람은 어느 나라에서든 여성을 섬기는 기사 같은 존재다. 매너 좋은 남자는 마치 자신이 말을 거는 모든 여자와 이미 약속이라도 잡아둔 것처럼 행동한다. 그런데 나는 방 안에서 가장 아름다운 여자가 있어도, 누군가와 논쟁이 시작되면 그쪽으로 정신이 쏠린다. 그래서인지 나는 사랑보다는 논쟁에 더 능하다. 그렇다고 첫눈에 반하는 사랑이 그렇게 터무니없는 것이라고는 생각하지 않는다. 사람들이 얘기하는 것만큼 말도 안 되는 일은 아닌 것 같다. 우리는 대체로 어떤 사람을 좋아하게 될지 미리 마음속에 그려놓는다. 진지한 사람인지, 명랑한 사람인지, 피부색은 어떤지, 머리카락은 금발인지 흑발인지, 이런 기준들을 마음속에 품고 있다. 그리고 이 기준에 꼭 들어맞는 사람을 실제로 만나게 되면 마음은 금세 결정된다. 지금껏 그런 사람을 본 적이 없었지만 막상 만나고 나면 "내가 평생 찾던 사람이 바로 이 사람이었어"라는 생각이 드는 것이다. 무릎을 꿇고 숭배하게 되는 그 존재는 사실 우리 마음속에 오래전부터 자리잡고 있던 이미지다. 깨어 있는 동안에도 떠오르고, 꿈속에서도 따라다니던, 마치 요정처럼 아련한 환상의 모습 말이다.

　나는 우정이 인격을 제대로 보여 준다고는 생각하지 않는다. 왜냐하면 우정은 종종 약점이나 편견 위에 세워지기 때문이다. 친구가 되는 일은 대개 어떤 순간적인 공감에서 시작되고, 그 이후에는 서로의 인격에서 보고 싶은 만큼만 보게 된다. 가까운 친구라고 해서 인격을 공정하게 증언해 줄 수 있는 건 아니다. 오히려 원수처럼 편향된 시선을 가질 수도 있다. 시간이 지나면 우정은 식고 결국 멀어지며, 남는 건 과거의 실수에 대한 앙금뿐이다. 그런 상황에서 친구가 남긴 평가가 완전히 객관적이라고 보기 어렵다.

　늘 함께 살아온 가까운 가족이라면 서로의 인격을 잘 알 것 같지만, 실제로는 서로에 대해 거의 아무것도 모른 채 살아가는 경우가 많다. 너무 가까우면 고유한 특징들이 흐려지고, 판단력은 이익과 편견에 가려진다. 결국 우리는 서로의 인격에 대해 뚜렷한 의견을 갖지 못한다. 마치 매일 보는 얼굴에 대해 그런 것처럼. 가장 가까이서 살아가는 사람들의 진짜 모습은 베일에 가려져 있다. 우리는 사랑하는 사람들을 매일 보면서도 그들의 장점이나 단점을 뚜렷하게 구분하지 못한다. 세세하게 따지기보다는 그냥 전체적인 인상으로 받아들인다.

　우리는 가까운 사람들의 감정, 과거, 말투, 행동까지 모든 것을 알고 있다. 하지만 그 모든 앎은 너무 익숙하고 습관처럼 굳어져 있다. 수많은 추억과 감정이 덧입혀져 있고 마음속 깊이 얽혀 있다. 그래서 그들을 객관적으로 바라보지 못한다. 즉 그들의 성격을 하나하나 분리해내거나, 잘한 일과 잘못한 일을 따져 보거나, 옳고 그름의 기준에 따라 판단하는 일이 거의 불가능하다.

가까운 사람들에 대해 품은 인상은 너무 강렬하고, 너무 생생하며, 너무 고유해서 다른 누구와 비교할 수조차 없다. 우리는 이들이 다른 사람보다 더 나은지 못한지 따지지 않는다. 그런 구별 자체가 모독처럼 느껴진다. 우리가 아는 건 단 하나, 그들은 우리에게 세상 누구보다도 소중하다는 사실이다. 가끔 아주 우연한 계기로 우리가 품고 있던 절대적 신뢰의 베일이 잠깐 걷히는 순간이 있다. 그때 받는 충격은 마치 관절이 어긋난 것처럼 아프다. 그러면 다시 익숙한 인상 속으로 도망치고, 원래 그에 대해 믿었던 모습으로 되돌아가려 한다.

가족 사이에서 일어날 수 있는 가장 큰 불행은 서로 다른 방식으로 자라나, 서로의 성격과 생각을 완전히 다른 시각에서 바라보게 되는 것이다. 이런 차이는 불편한 진실을 드러내고, 갈등과 냉담과 치유하기 힘든 감정적 상처를 만들어낸다. 나는 때때로 이런 생각을 해 본다. 즉 사회가 발전하고 지식이 확장되는 것이 오히려 가족 간의 애정을 느슨하게 만드는 게 아닐까? 서로를 좋게 생각하고 싶어 하는 사람들조차 서로의 생각이나 태도, 관점을 진심으로 공감하거나 인정하지 못하게 만드는 건 아닐까? 그렇게 따지면 사회 전체에 주는 이익보다 해가 더 클 수도 있다.

예를 들어 아들이 성직자의 길을 걷도록 키워졌다고 하자. 그동안 아버지는 그 아들을 바라보며 말할 수 없이 큰 자부심과 기쁨을 느낀다. 모든 것이 자신이 바랐던 방향으로 잘 흘러가고 있었기 때문이다. 그런데 어느 순간, 아들의 생각이 바뀌어 미술에 깊은 관심을 갖게 된다. 그 순간부터 두 사람 사이의 솔직한 소통은 사실상 끝나 버린다. 아들은 렘브란트니, 코레조니 하며 열정적으로 예술 이야기를 하지만, 아버지에게는 그 모든 것이 외국어처럼 낯설다. 물론 아버지는 아들의 성취를 듣고 기뻐할 수도 있고, 성공을 진심으로 바라기도 한다. 하지만 마음 깊은 곳에서는 여전히 처음 품었던 기대, 즉 아들이 성직자의 길을 걷는 모습에 대한 미련을 버리지 못한다. 예를 더 들자면, 할아버지는 철저한 칼뱅주의자였고, 아들이 유니테리언교로 기울자 그 실망을 평생 떨쳐 내지 못했다. 세대 간의 신학적 갈등은 잠시 멈춘 듯했지만, 몇 년 뒤 손자가 시대의 흐름과 '끝없는 지적 동요' 속에서 자신이 자라온 교리에 의문을 품기 시작한다. 그러자 이 문제는 다시 수면 위로 떠올라 가족 전체가 불편해진다. 이처럼 단 하나의 신학적 견해 차이 때문에 삼대가 서로 어긋나고 마음의 골이 생긴다. 그리고 그 틈을 더 벌리는 건 지나치게 간섭하고 분석하려 드는 성서 비평가들이다!

한편, 출신을 부끄러워하는 신흥 부자나 출세한 사람들이 자부심과 행운에 취해 오만해지는 모습만큼 흔하고도 비참한 것도 없다. 그리고 부자 친척과 가난한 친척 사이의 어색한 관계만큼 난처한 상황도 드물다. 오히려 동일한 사회적 계급과 삶의 방식이 세대에서 세대로 전해지는 부족과 민족들이 더 행복하다. 그들의 편견은 자연스럽게 내면화되고, 변함없는 가치관과 삶의 방식 속에서 수많은 세대가 하나의 형태로 녹아든다.

가까운 혈연 사이에서는 서로의 결점에 대해 일부러 그리고 습관적으로 눈을 감는다. 이뿐만 아니라 서로를 제대로 판단하기에는 정보가 너무 많고 그 정보들 사이의 모순도 너무 크다. 세부 사항이 너무 많고 복잡해서 우리는 그것을 들어올려 윤리의 저울에 올려놓고 판단할 수 없다. 결국 우리가 느끼는 그 사람의 모습은 어떤 추상적인 이론이나 논리적인 정의와도 맞아떨어지지 않는다. 세상에는 검은 것도 있고, 흰 것도 있으며, 그 사이의 회색도 있다. 네모난 것도 있고, 둥근 것도 있다. 인간이라는 존재는 그만큼 복잡하고, 예외도 많고, 결점을 커버하는 장점도 많다. 그래서 우리는 인간에 대해 간단하고 명쾌한 결론을 내릴 수 없다. 우리는 너무 많은 것을 알고 있어서 단편적인 행동 하나로 인격을 단정할 수 없다. 지금의 행동을 판단하려 하면 과거의 수많은 기억들이 그것을 반박한다. 결국 우리는 판단을 유보한다. 왜냐하면 하나의 행동은 또 다른 행동에 의해 무의식적으로 균형을 잡으려 하기 때문이다. 어쩌면 이런 고집스럽고 끈질긴 판단 유보야말로 인간을 이해하는 데 가장 진실한 철학일지도 모른다. 우리는 흔히 누군가의 인격을 너무 쉽게 단정하는데, 그건 우리가 아주 작은 단면만 보기 때문이다.

진정한 인격은 단일한 성질이 아니라 수많은 모습으로 이루어져 있다. 진짜 자질은 스스로 만든 틀에 맞춰지지 않고 그 사람 고유의 진실성과 본래 모습에서 나오는 것이다. 가장 가까이에서 오래 지켜본 사람들에 대해서조차 우리는 종종 무감각하게 판단을 유보한 채 살아간다. 그런데 그 무감각함이야말로 우리가 스쳐 지나가는 사람들, 멀리서만 바라보는 사람들에 대해 성급하고 가혹한 판단을 내리기 전에 본받아야 할 태도일 것이다. 그들을 더 잘 알게 된다면 오히려 그들에 대해 할 말이 줄어들지 모른다.

세상에는 완전히 쓸모없는 사람도 없고, 반대로 완벽한 사람도 없다. 누구에게나 약점이나 결점이 섞여 있기 마련이다. 가장 악한 사람들이라도 그들과 가까이 지내다 보면 혐오감이 줄어든다는 말이 있다. 그리고 우리는 종종 죄질이 가장 중한 범죄자들이 평범한 사람처럼 생겼다는 사실에 놀라기도 한다. 왜냐하면 그들이 정말로 많은 면에서 평범한 사람들과 닮아 있기 때문이다.

어떤 사람이 우리가 책에서 읽거나 머릿속에서 떠올리는 악당 그대로라면, 즉 법정에 선 범죄자의 추상적인 이미지 그 자체라면, 그는 보는 사람을 실망시키지 않을 것이다. 정말 괴물처럼 보일 테니까. 하지만 현실의 그는 그런 모습만 있는 게 아니다. 그의 타락한 습관이나 절망적인 행위에는 다른 생각, 감정, 어쩌면 미덕까지 섞여 있을 수 있다. 이것이 그 범죄를 혐오하는 마음을 약화시키지는 않더라도, 그 사람 자체에 대한 혐오감은 줄어들 수 있다. 왜냐하면 우리는 그를 여러 각도에서 바라보게 되기 때문이다. 그렇게 보면 그는 단지 평범한 인간처럼 보이고, 우리가 처음에 떠올렸던 악의 과장된 이미지나 오점투성이의 인물과는 달라 보인다. 나는 이런 관점이 느슨하거나 위험하다고 생각하지 않는다. 너그럽고 관대한 시각일 뿐이다. 내 생각에, 그 누구도 자기 마음속에서 스스로를 '살인자'라는 추상적인 개념에 완전히 대입해 본 적은 없을 것이다. 물론 양심의 고통이나 참회 속에서는 그런 식으로 자신을 바라볼 수도 있겠지만, 그럴 경우에도 죄를 다른 방식으로 떨쳐내려 한다. 그는 어쩌면 정당방위로 사람을 죽였을지 모른다. 전쟁이라는 이름 아래서 그랬을 수도 있으며 굶주림을 피하기 위해서나 복수심에서 비롯했을 수도 있다. 개별적으로 항상 '어딘가 다르게' 복잡하고 애매한 동기들이 얽혀 있다. 사람은 자기 행동을 돌아볼 때, 언제 어디서 어떤 상황이었는지를 꼭 고려한다. 자신을 완전히 악하고 이유 없는 악당으로 여기지 않기 위해서다. 현실의 범죄에는 중대함의 정도가 있고, 우리는 이름이나 범주에 따라 범죄를 판단하고 도덕적 평가를 내릴 뿐이다. 물론 나는 "있는 그대로가 옳다"[16]고 말하고 싶지는 않지만 실제로 사람들이 내리는 대부분의 선택은 그런 식으로 흐르기 쉽다. 완벽하지는 않지만, 무의식적인 편향이 작용하기 때문이다. 이런 이유 때문에 그리고 비밀을 지키기 위한 목적도 있어서, 도둑이나 소매치기 같은 사람들이 저지르는 다양한 행위에 대한 은어가 생겨났다. 일반적인 명칭은 사람들에게 혐오감을 불러일으키기 때문에 도둑이나 소매치기 같은 사람들은 그 명칭을 꺼린다. 그래서 그들은 자신들의 행동을 감추기 위해 특수 용어로 바꿔 부르려는 것이다.

---

16 "Whatever is, is right"는 18세기 시인 알렉산더 포프가 그의 철학시 『인간론(An Essay on Man)』에서 쓴 유명한 문장이다. 이 표현은 당시 낙관주의 철학, 특히 라이프니츠의 사상을 반영한 것으로 세상에 존재하는 모든 것은 결국 신의 뜻에 따라 이루어진 것이며, 그 자체로 옳다는 믿음을 담고 있다. 즉 사람들은 자신의 선택이나 행동을 정당화하려는 경향이 있고, 그 과정에서 자신의 잘못도 상황이나 이유로 덮어버리려 한다는 뜻이다.

어떤 사람이 살인을 고백하는 글을 쓰다가 '살인'이라는 단어를 어떻게 쓰는지 물었다는 이야기가 있다. 이게 사실이라면 이유는 두 가지일 것이다. 하나는 그가 그 일을 떠올리면서 상상만으로도 충격을 받았기 때문이고, 다른 하나는 그 단어를 직접 글로 쓰는 것이 너무 부담스러워서 피하려 했기 때문이다. 마치 "아멘이 목에 걸렸다"[17]는 말처럼, 그 단어가 입 밖으로 나오지 못한 것이다. 유진 아람이 몇 년 전 살인 혐의에 대해 자신을 변호했던 내용은, 그가 상상 속에서 자신에게 씌워진 '살인자'라는 이름을 완전히 떨쳐내려 했음을 보여 준다. 그는 실제로 노인을 한 방에 쓰러뜨리고, 그 시신을 동굴에 묻은 뒤, 그에게서 발견한 돈으로 평생을 살아왔을지도 모른다. 하지만 피첨의 말처럼 "악의는 없었다, 전혀 없었다"고 주장했다. 유진 아람의 변론은 매우 침착하고 치밀하며 신중했다. 그것은 기록된 법적 문서 중에서도 손꼽힐 만큼 정교한 것이었고, 바로 이 점이 그가 살인을 저질렀다는 사실을 보여 주는 동시에 그가 그것을 범죄로 자각하지 못하고 있었다는 사실도 함께 드러낸다. 콜리지는 같은 맥락에서 (내가 보기에)

---

17 "Amen stuck in his throat"는 셰익스피어의 『맥베스』에서 나온 표현으로, 죄책감과 영적 단절을 상징하는 강렬한 이미지다. 맥베스는 왕을 살해한 직후 기도를 하려 하지만 "아멘"이라는 말이 목에 걸려 나오지 않는다. 그는 축복이 가장 필요할 순간에 그 말을 입에 담지 못하는 것이다. 이 표현은 단순히 말이 안 나오는 것이 아니라, 내면의 죄책감이 너무 커서 하나님과의 연결이 끊어진 상태를 보여 준다.

인격을 안다는 것은

매우 깊은 형이상학적 진실을 담아 비극『후회』의 주인공 오르도니오가 자신의 계획된 범죄를 스스로 인정하지 않도록 설정하고, 그에게 인상적인 독백을 말하게 한다.

> 가령 내가 어떤 시신을 햇볕 아래에 두었다고 하자.
> 그러면 한 달 뒤, 그 시체에서 수천,
> 아니 수만의 살아 있는 생명들이 몰려나올 것이다.
> 그 한 사람을 내가 죽였다고 해도,
> 그 수만 개의 생명이 한 사람의 삶보다 덜 행복하다고
> 누가 나에게 말할 수 있으랴!
> 그 한 생명이 밀려나면서
> 수없이 많은 생명들이 그 자리를 차지하게 된 것이다.

사실 나의 이 모든 생각들이 콜리지에게서 비롯된 것일지도 모르겠다. 하지만 그렇다고 해서 내 생각이 가치가 덜하다고 생각하지 않는다. 예전에 그가 나에게 이런 질문을 한 적이 있었다. 가족 구성원들이 정말 서로를 그렇게 좋아하고, 일반적으로 생각하는 만큼 애정을 가지고 있을까? 나는 가족에게 존재하는 감정은 '애정'보다는 '이해관계'라는 말로 표현하는 게 더 맞는 것 같다고 말했다. 콜리지는 그게 정확한 대답이라고 했다. 이제 와서 그 생각을 고치기는 어려울 것 같다. '자연적인 애정'이란 단순히 함

께 있을 때 즐겁거나 서로의 장점을 좋아하는 마음이 아니다. 그것은 우리가 가장 가까운 사람들의 기쁨이나 고통에 대해 깊이 알고 공감하는 마음이다. 그들이 아플 때 불안해하고, 그들의 평판을 걱정하며, 그들이 잘되기를 바라는 간절한 마음이다. 요컨대 우리가 가족에게 느끼는 사랑은 우리가 우리 자신에게 느끼는 사랑과 가장 비슷하다. 옛말에도 있듯이, 아무리 초라해도 집은 집이다. 우리는 자신을 사랑할 때 마땅히 사랑받을 자격이 있어서가 아니라 그저 좋은 것을 바라는 마음 때문에 사랑한다. 그래서 가장 가까운 가족을 우리 자신 다음으로 사랑하게 된다. 어쩌면 우리 자신보다 더 깊이 사랑할 때도 있다. 왜냐하면 우리는 가족이 어떤 고통을 겪었는지, 무엇에 가장 마음을 쓰는지를 누구보다 잘 알고 있기 때문이다. 결국 우리는 습관과 공감으로 인해 가족의 행복과 불행에 우리 자신의 일처럼 얽혀 있다.

우리가 가족의 이익에 헌신하는 마음이 우리 자신의 이익에 대한 마음과 크게 다르지 않다면, 우리는 결국 자신의 인격에 대해서도 잘 모르는 셈이다. 우리는 이 판단에 너무 깊이 관련되어 있어 공정한 평을 내리기 어렵고, 우리 자신의 동기나 처지에 대해 너무 많은 것을 알고 있어서 결국 우리 행동을 좋게 해석하려는 경향이 생긴다. 그러면 스스로에게 관대한 비판을 가하고 최종적인 판단은 뒤로 미룬다. 판단의 여지는 넓고 열려 있다. 햄릿은 고결하고 너그럽게 외친다. "나는 그저 그런 정직한 사람이라고 생각하지만, 나 자신을 비난할 만한 일들도 얼마든지 떠올릴 수 있다!" 누군가에게 그가 나쁜 사람이라는 사실을 아무리 분명히 보여줘도, 그의 생각은 쉽게 바뀌지 않을 것이다. 자기애는 도덕성에 대한 사랑보다 더 강하기 때문이다.

위선은 대개 세상을 속이기 위한 가면이지, 자신을 속이기 위한 것이 아니다. 위선적인 사람은 평소에 숨기고 있던 비행을 들키면 부끄러워하지 않고 오히려 뻔뻔하게 반응한다. 물론 예외도 있다. 즉 자신의 신념이나 도덕적 기준과 어긋나는 행동을 하면서도 그것을 완전히 의식하지 못하는 경우다. 가장 큰 어려움은 겉으로 드러나는 동기, 즉 우리가 스스로 인정하는 이유와 내면에 숨겨진 진짜 행동의 원천을 구별하는 일이다.

사람은 쉽게 의견을 바꾸면서 그것을 솔직함이라 생각하지만 사실 그것은 경솔함이다. 우리는 습관적으로 자신의 결점이나 장점에 무감각해져 있으며, 허영심이 개입할 때만 그것들을 과장하거나 축소한다. 나는 사람들이 자기 자신에게 반하고, 자기 성과에 놀라는 것을 이해할 수 없다. 다른 사람들에게는 잠깐의 화젯거리일 뿐인데 말이다. 일반적으로 우리는 자신의 재능을 판단할 때 두 가지 오류에 빠지기 쉽다. 첫째, 자신의 기질에 맞지 않지만 노력해서 해낸 것을 귀하게 여긴다. 둘째, 반대로 가장 쉽게 해내고, 또 가장 잘하는 것에는 크게 의미를 부여하지 않는다. 위대한 천재의 작품은 거의 무의식적으로 만들어진다. 그들은 자신이 대단한 일을 했다는 사실조차 잘 모른다. 그것은 자연이 그들을 대신해 해낸 것이기 때문이다. 셰익스피어는 자신이나 자신의 명성에 대해 얼마나 무심했는지 놀라울 정도다. 하지만 만약 "타인을 잘 아는 것이 곧 자신을 아는 것"이라면, 셰익스피어는 분명 자신의 재능과 성격을 잘 알고 있었을 것이다. 그는 "경험과 통찰력을 통해 익힌 지혜로 모든 사람의 인격을 깊은 이해와 공감의 시선으로 꿰뚫어 본" 사람이었으니까. 그의 시선은 결코 자신에게 향하지 않았고, 언제나 자연과 세상 바깥을 향하고 있었다.

 자기 자신을 높게 평가하는 사람은 근거 없는 자신감이 크다고 봐도 무방하다. 하지만 밀턴은 예외였다. 그는 자신에 대해 높은 평가를 했고, 실제로 그 평가에 걸맞은 업적을 남겼다. 그는 자신의 능력을 자각하고 있었고, 의도적으로 위대함을 추구한 인물이었다. 그가 자신의 재능에 대해 집요하게 주장했던 이유는, 아마도 젊은 시절부터 논쟁적인 글을 써 온 습관 때문일 것이다. 그는 늘 편견과 당파적 비난 속에서 자신의 주장을 방어해야 했고, 그 속에서 끊임없이 무죄를 주장하며 자신의 가치를 증명해야 했다. 어떤 사람들은 자신이 불멸의 존재라는 사실조차 모른 채 생을 마감하고, 또 어떤 사람들은 살아 있는 동안 그 불멸성을 거의 다 써 버린다. 코레조는 전자의 예이고, 볼테르는 후자의 예일 것이다.

    인생을 살아가는 데 있어 가장 큰 도움이 되는 것은, 자신의 약점을 아는 것이다. 그 약점을 경계하고 다스릴 수 있다면 오히려 강점이 되기도 한다. 또한 자신의 재능을 성공으로 이끄는 데 가장 중요한 요소는 자신의 능력의 한계를 아는 것이다. 그 한계를 알면, 실현 가능한 목표에 능력을 집중할 수 있기 때문이다. 한 사람이 할 수 있는 일은 결국 하나뿐이다. 모든 것을 다 하려는 욕심은 결국 아무것도 이루지 못한다. 버틀러의 말처럼, 지나친 재치는 그것을 다스릴 또 다른 재치를 필요로 하는 법이다. 자기 자신을 제대로 알지 못해서 삶의 방향을 이상하게 틀어버린 사람들이 있다. 그리고 평생 그 자각을 하지 못한 사람들도 있다. 어떤 사람들은 특정 분야에서 성공을 거두지만, 자신이 처음부터 꿈꿨던 길에서 실패했기 때문에 우울하고 만족하지 못한 채 살아간다. 마치 버림받은 연인이 자신을 외면한 사람을 그리워하며 괴로워하는 것처럼 말이다. 마지막으로 한 가지 덧붙이자면, 작가들은 대체로 자신이 죽은 다음에 얻을지도 모를 명성의 크기와 가치를 과

대평가하는 경향이 있다. 하지만 셰익스피어조차, 그의 천재성과 출생을 자랑하는 바로 이 나라에서조차 그의 이름을 들어본 사람이나 그의 글을 읽어 본 사람이 열 명 중 하나라도 될지 모르겠다.

가난은 굴욕만
안겨 주는 것이 아니라,
주변 사람들의
민낯까지 드러낸다.

돈 없이 살아간다는 것은

 돈이 없는 삶은 참으로 고단하다. 무일푼으로 살아간다는 것은 마치 여권 없이 외국을 여행하는 것과 같다. 어디를 가든 거절당하고 의심을 받으며 온갖 불편을 감수해야 하는데, 그러다 보면 자신이 바보처럼 느껴진다.
 하지만 내가 말하고자 하는 경제적 어려움은 생존 자체가 위협받는 절대적 빈곤과는 다르다. 밥을 굶고 잠잘 곳조차 없는 극단적인 결핍이 아니라, 겉으로는 괜찮아 보이지만 속으로는 늘 불안정하고 기본적인 생활은 간신히 유지하되 여유는 없는 상태, 다시 말해 돈이 바닥났지만 여전히 무언가를 사고 싶은 충동이 남아 있는 상태다. 이 상태는 마지막 남은 돈이 사라진 뒤부터, 어떻게든 다음 돈이 손에 들어오기까지의 그 애매하고도 고통스러운 틈이다. 이 틈은 늘 다시 찾아온다. 아무리 아껴 쓰고, 아무리 계산해도 이 공백은 피할 수 없다. 그리고 그 시간은 스트레스와 의심, 상처받는 자존심, 자잘한 타협들, 그리고 말하기조차 민망한 수많은 불편한 상황들로 점철된다. 돈이 없다는 사실보다 더 괴로운 것은 그 상태가 늘 반복된다는 점이다. 끝났다고 생각하면 다시 시작되고, 벗어났다고 느끼면 다시 끌려들어간다. 이 글은 단순한 이론적 고찰이 아니다. 나는 이 글에서 그 틈 속에서 겪었던 구체적인 경험들을 자세히 들여다보고자 한다.

저녁을 굶는 것도 괴롭지만, 아침을 거르는 일은 그보다 더 쓰라리다. 아침의 그 한 끼는 단순한 식사가 아니다. 하루를 견딜 힘이자, 세상의 풍파를 맞설 용기이며, 희망을 붙잡는 마지막 끈이다. 따뜻한 잠자리에서 깨어나는 순간, 어쩌면 가난 속에서도 꿀 수 있는 황금빛 꿈에서 막 빠져나온 그 순간, 먹을 아침이 없다는 말을 듣는 것은 감정의 가장 연약한 부분을 찌르는 냉정한 현실이다. 빈속은 마음까지 허기지게 하고, 그날 하루의 분위기 전체를 음울하게 물들인다. 가난은 꿈을 막지 않는다. 오히려 꿈은 더욱 선명해진다. 하지만 그 꿈에서 눈을 뜬 직후 식탁 위에 아무것도 없다는 사실은 그 꿈조차 사치였다는 듯 우리를 조용히 무너뜨린다. 아침을 먹지 못한 사람은 음식을 구하러

돈 없이 살아간다는 것은

나설 기력조차 없다. 거절을 감당할 여유도, 친구에게 도움을 청할 용기도 없다. 이미 바닥난 자존심을 끌어안고 결국 거리 모퉁이에서 손을 내밀게 될지도 모른다. 도둑질? 그런 선택은 애초에 불가능하다. 도둑질은 배짱과 자기 확신이 있어야 가능한 일인데, 그런 것들은 배고픔에 이미 사라진 지 오래다. 누군가 말했듯 우울이 인간에게 던질 수 있는 가장 무거운 돌은 아침에 눈을 떴을 때 빵도, 차도, 버터도 없다는 사실을 마주하는 순간이다. 빵집 주인도, 식료품점 주인도, 버터 장수도 모두 외상은 끝이라며 문을 닫아 버린다. 이것은 단순한 허기가 아니다. 위장을 찌르는 동시에 영혼을 꺾는 잔혹한 일격이다. 배고픔과 수치심이 뒤엉켜 사람을 깊은 절망의 구렁텅이로 밀어넣는다.

그 순간, 우리는 어떻게 반응해야 할지 알 수 없다. 하인들에게 무어라 말해야 할까? 가게 주인들에게는? 웃어넘겨야 할까, 진지하게 굴까, 화를 낼까, 아무렇지 않은 척해야 할까? 어떤 태도를 취하든 해결할 수 없는 문제 앞에서의 무력한 몸짓일 뿐이다. 가난은 때로 침묵보다 더 큰 소리를 낸다. 그럴 때 조끼 호주머니 안감에 빠져 있던 동전 하나가 굴러 나온다거나, 바지 주머니 속에서 구겨진 지폐 한 장이 발견된다거나, 오래된 여행가방 바닥에서 금화 하나가 반짝이거나 하면 거의 기적처럼 느껴질 것이다. 하지만 그것은 어디까지나 헛된 기대일 뿐이다. 그런 상황을 겪어본 사람이라면 다 안다. 이미 모든 주머니, 서랍, 집 안 구석구석을 샅샅이 뒤졌다는 것을. 세관원이 짐을 검사하듯, 아니 그보다 더 철저하게 손이 닿는 모든 곳을 뒤졌다는 것을. 만약 어딘가에 돈이 있었다면, 아주 미세한 금속의 울림이라도 들렸다면 진작에 발견했을 것이다.

그런 희망은 이미 수차례 켜졌다 꺼졌고, 이제는 그마저도 지쳐 버렸다. 가난은 사람을 예민하게 만든다. 손끝의 감각은 날카로워지고, 귀는 작은 소리에도 반응한다. 하지만 그 모든 감각이 아무것도 찾지 못했을 때 남는 것은 오직 허탈감뿐이다. 그리고 이 허탈감은 다시 한번 현실의 무게를 실감하게 한다. 그제야 문득 생각이 떠오른다. 집안 어딘가에 팔 수 있는 물건이 없을까? 오래된 시계, 은숟가락, 반지, 혹은 값싼 장신구 하나쯤은 있지 않을까? 내 것이든, 어쩌면 친구의 것이든 당장 전당포에 맡겨서 상황이 나아질 때까지 버틸 수 있을지도 모른다. 바로 그 순간, 헌옷 장수가 집 앞을 지나간다. 쉰 목소리로 외치는 그의 말투는 마치 내 처지를 조롱하는 듯 거칠게 들린다. 나는 무심코 옷장 문을 열어 오래된 모자나 외투에 눈길을 준다. 하지만 헌옷 장수에게 도움을 청한다는 생각은 너무나 굴욕적이어서 손이 머뭇거리고 마음이 주저한다. 그리고 이 짧은 망설임 속에서 기회는 조용히 지나간다.

돈 없이 살아간다는 것은

극작가 리처드 셰리든은 이런 곤경에 자주 빠지곤 했다. 그 자신은 아침 식사에 별 관심이 없었을지도 모르지만, 그의 하인들은 달랐다. 하인들은 종종 불평했다. 그들은 셰리든 부인이 커피와 달걀, 프렌치롤을 구하느라 동네를 샅샅이 뒤지는 동안 몇 시간씩 주방에서 기다려야 했기 때문이다. 저녁 식사도 만만치 않았다. 하루는 푸줏간 심부름꾼이 셰리든의 집에 양다리 고기를 배달하러 왔다. 그런데 하인이 계산을 하기도 전에 얼른 고기부터 냄비에 넣자, 심부름꾼은 아무렇지도 않게 그것을 도로 꺼내 쟁반에 올리고는 유유히 돌아갔다. 이런 일상적인 굴욕을 견디려면 『스캔들 학교』를 쓴 셰리든처럼 재치와 강인함을 갖춘 사람이 아니고서는 버티기 어렵다.

저녁을 거르는 것도 돈이 없을 때 겪게 되는 또 하나의 고통이다. 물론 아침을 거르는 것보다는 견딜 만하다. 아침을 굶는다는 것은 하루의 희망과 에너지를 시작부터 잃는다는 것을 의미하기 때문이다. 하루를 여는 첫 끼가 없으면 그날의 리듬은 어딘가 어긋나고, 마음은 무기력의 그림자 속으로 가라앉는다. 반면에 적어도 아침을 한 끼라도 먹었다면 배고픔을 조금은 참을 수 있다. '참자'고 스스로를 설득할 수도 있고, 절제하는 것도 나쁘지 않다고 생각해 볼 수 있기 때문이다. 그 사이에 마음을 다잡고, 기대를 낮추고, 저녁까지 어떻게든 버틸 준비를 할 수 있다.

이처럼 예측할 수 없는 상황에서 시간은 모든 걸 좌우한다. 식사 시간은 정해져 있지 않다. 오후 두 시가 될 수도 있고, 여섯 시나 일곱 시가 될 수도 있다. 그저 상황에 따라 달라질 뿐이다. 그 사이에 무슨 일이 일어날지는 아무도 모른다. 누군가 저녁 식사에 초대할지도 모른다. 나의 형편을 모르는 누군가가 시골에서 사슴고기 한 덩어리나 꿩 두 마리 같은 것을 선물로 보내올 수도 있다. 또는 멀리 떨어져 있던 친척이 세상을 떠나며 유산을 조금 남길 수도 있고, 뜻밖의 후원자가 나타나 왕의 대관식 날처럼 친절과 선물을 아낌없이 베풀 수도 있다. 삶은 늘 불확실하고, 그 불확실성 속에서 희망이 자라난다. 오늘 하루가 어떤 선물을 품고 있을지는 아무도 알 수 없다.

저녁 식사는 미룰 수 있다. 하지만 아침은 기다려 주지 않는다. 눈을 뜨는 순간 배고픔이 바로 시작되기 때문이다. 잠과 허기 사이에는 아무런 완충제가 없다. 하루가 막 시작되었을 뿐인데, 몸은 이미 무언가를 요구하고 마음은 그 요구를 감당할 준비가 되어 있지 않다. 아침 식사는 하루의 시작을 알리는 신호이자 삶의 리듬을 정돈하는 첫 박자다. 도시에서는 늘 하루를 버티기 위한 기발하고 절박한 생존 방식들이 존재해 왔다. 배가 고플 때 완전히 무너지는 걸 피하기 위해 사람들은 언제나 나름의 방법을 찾아냈다. 가끔은 지하 식당[1]으로 슬쩍 들어가, 삶은 소고기와 당근을 10펜스로 해결할 수도 있다. 그곳은 식탁에 칼과 포크가 쇠사슬로 묶여 있고, 옷에 기름기 낀 낯선 사람들과 팔꿈치가 맞닿을 만큼 빽빽하지만, 배고픔은 체면 따위에 관심 없다. 혹은 헌옷 한 벌을 팔아 양고기 한 조각을 사서, 다락방 같은 작은 곳에서 직접 구워 먹을 수도 있다. 또는 저녁 무렵 친구 집에 슬쩍 들러 식사에 초대되기를 기대하거나, 그것도 아니면 공원을 한 바퀴 돌고 나서 집에 돌아와 차 한 잔을 마시며 이미 식사를 한 척할 수도 있다. 그렇게 하면 최소한 체면은 지킬 수 있다. 하루를 그렇게 넘길 수 있다면 체면도 지키고, 궁핍함을 어쩌면 조금은 고결한 방식으로 견뎌낸 셈이다.

이렇게 가난은 사람을 작게 만들지만, 그 속에서도 우리는 여전히 적지 않은 선택을 한다. 물론 이 모든 생존의 기술과 궁핍 속 자존심은 사실 혼자일 때나 가능한 이야기다. 돈이 없는 사람이 가정을 꾸려서야 되겠는가. (경제학자 맬서스와 맥컬럭의 논지를 떠올려 보라.)[2] 가난한 이의

---

[1] 19세기 런던이나 뉴욕의 지하 식당(basement eatery)은 종종 창문도 거의 없는 어두운 공간으로 매우 저렴한 식사를 제공했다. 주로 노동자, 빈곤층, 떠돌이 예술가 등 돈이 부족한 사람들이 이용했다.

[2] 경제학자 맬서스(Thomas Malthus)와 맥컬럭(John Ramsay McCulloch)의 이론을 보면, 이 생각은 단순한 감상이 아니라 경제적 논리에 기반한 것이다. 맬서스는 인구는 기하급수적으로 늘어나지만 식량과 자원은 선형적으로 증가하기 때문에 가난한 사람이 자녀를 많이 낳을수록 빈곤은 더욱 심화된다고 주장했다.

결혼은 낭만이 아니라 모순이다. 가정은 사랑만으로 유지되지 않는다.

아주 개인적인 이야기지만, 나는 한때 (시험 삼아) 이 주 동안 커피만 마시며 지낸 적이 있었다. 당시 나는 맨체스터에 사는 어느 제조업자의 반신 초상화 작업을 마무리하고 있었는데, 그는 생전에 꽤 큰 재산을 남긴 인물이었다. 그의 재킷은 붉은빛이 도는 갈색에다 '격식을 갖춘 재단'이었지만, 나는 그 부분을 대충 처리하고 5기니를 받았다. 그 돈을 들고 직접 시장에 나가 소시지와 으깬 감자를 사서 저녁을 차렸다. 팬에서 지글지글 익어가는 소리를 들으며 나는 『질 블라스』에서 아름다운 오로라가 등장하는 장면을 읽었다.³ 이건 내가 젊었을 때의 일이다. 웃지 마시

맥컬럭 역시 가난한 계층이 무분별하게 가족을 확장하는 것은 사회 전체에 부담이 된다고 보았다.

3 해즐릿이 초상화 속 인물의 코트를 "붉은 빛이 도는 갈색에다 '격식을 갖춘 재단'"이라고 묘사한 것은 단순한 색상이나 형태를 전달하기 위한 것이 아니다. 이 표현은 당시 중산층의 체면과 사회적 지위를 상징하는 장치로 기능한다. 붉은 갈색은 눈에 띄지 않으면서도 품위를 갖춘 색이며, '격식을 갖춘 재단'이라는 말은 그 인물이 얼마나 사회적 규범에 맞춰 살아왔는지를 암시한다. 하지만 해즐릿은 그 코트를 "대충 처리했다"고 고백한다. 이는 단순한 작업상의 실수가 아니라, 그 인물이나 그가 상징하는 계층에 대한 해즐릿의 미묘한 반감 혹은 무관심을 드러낸다. 해즐릿은 5기니를 받기 위해 형식적인 묘사만 하고, 그 돈으로 시장에 가서 소시지와 으깬 감자를 사서 식사를 준비한다. 그 동안 그는 『질 블라스』를 읽으며 문학 속의 오로라를 떠올린다. 이 모든 장면은 하나의 대비를 이룬다. 붉은 갈색 코트는 사회적 체면을, 소시지와 감자는 개인적 욕망을, 『질 블라스』는 상상과 예술을 상징한다. 해즐릿은 이 짧은 문장 속에 예술가로서의 현실, 계급에 대한 풍자, 그리고 문학적 위안을 절묘하게 녹여낸다.

라, 친애하는 독자여. 그 순간, 나는 호사란 무엇인지 그 어떤 미식가나 왕보다도 더 깊이 이해했다.

물론 돈이 부족하다는 것은 분명 여러 가지 결핍과 불편을 동반한다. 하지만 그 속에는 다른 어떤 것으로도 대신할 수 없는 기묘한 기쁨과 대비의 순간들이 숨어 있다. 때때로 나는 그런 경험이 아니었다면 결코 얻을 수 없었을 어떤 통찰이나 감정을 떠올리며, 그것이야말로 우리가 감내한 결핍에 대한 유일한 보상일지도 모른다는 생각을 하게 된다. 아멜리아의 해시드 머튼은 이제 문학 속에서 불멸의 상징이 되었다.[4] 그리고 월터 스콧의 『래머무어의 신부』에 등장하는 늙은 케일럽의 식사 조달 작전은 비록 지나치게 과장되고 희화화된 면이 있긴 하지만(스콧에게는 드문 일이기도 하다), 독자에게 웃음과 연민을 동시에 안겨 준다.[5]

몇 해 전 내 지인에게 일어난 저녁 식사 실패담이 떠오

---

[4] 헨리 필딩의 1751년작 『아멜리아』에서 주인공 아멜리아의 '해시드 머튼'은 겉보기엔 소박한 음식이지만, 놀라운 문학적 상징성을 지닌다. 그녀와 남편 부스 대위는 경제적 어려움 속에서도 품위와 사랑으로 삶을 이어간다. 그들의 식탁에 자주 오르는 해시드 머튼은 단순한 요리가 아니라, 궁핍 속에서도 꿋꿋이 살아가는 부부의 인내와 애정을 상징하는 문학 속의 한 장면으로 자리잡았다. 필딩은 이들의 상황을 냉소나 비애로 그리지 않는다. 이 음식은 가난의 상징이자, 그 속에서도 지켜지는 존엄과 사랑의 증표로 기억된다.
[5] 케일럽은 몰락한 귀족 가문의 체면을 지키기 위해 아침, 점심, 저녁마다 기상천외한 방법으로 식사를 마련하려 애쓴다. 번개가 식탁을 태워버렸다는 황당한 변명부터 상상 속의 만찬을 연출하는 연극적 기지까지, 그의 행동은 가난을 감추기 위한 필사적인 연출이자 체면을 지키려는 인간의 애처로운 자존심을 보여 준다.

른다. 그는 단지 가난한 것만이 아니라, 말 그대로 초라한 존재였다. 그의 아내는 집에 있던 양 어깨살과 감자 구이를 하려고 남은 전 재산인 4펜스를 따로 챙겨 두었다. 그런데 그녀가 잠시 외출한 사이에 남편은 그 돈을 기타 줄 하나를 사는 데 써 버린 것이었다. 이 황당한 상황에 대해 한 재치 있는 친구가 밀턴의 시 「랄레그로」의 다음 구절을 인용했다.

먹는 걱정 따위는 잊게 해 주오,
부드러운 리디아 선율[6]로 나를 감싸 주오!

디포는 『잭 대령의 생애』에서 어린 시절 가난에 찌든 주인공이 친구와 함께 생애 처음으로 3펜스짜리 식당에 앉아 뜨거운 수프를 맛보는 장면을 인상 깊게 그려 낸다. 그는 수프를 얼마나 맛있게 즐겼는지, 그리고 빵이나 맥주를 주문할 때마다 웨이터가 "곧 갑니다, 신사분들!"이라고 대답하는 데서 느낀 기쁨이야말로 최고였다고 회상한다. 디포는 간결한 문체로 이렇게 덧붙인다. "그 무렵 대령은 셔츠를 입기 시작했다!" 이 말은 웃음을 자아내면서도 가난과 품위 사이의 미묘한 경계를 드러낸다. 셔츠 한 장이 단

---

6 여기서 "리디아 선율"은 부드럽고 감미로운 음악을 뜻한다. 친구는 굶주림보다 음악을 택한 남편의 선택을 시적이면서도 풍자적으로 감싸 안는다.

순한 의복이 아니라 사회적 정체성과 자존의 상징이 되는 순간이다. 결핍과 가난에 직접적으로 대비되는 부(富)와 화려함을 묘사하는 소설 도입부가 주는 전체적 느낌은 단연 독보적이다. 거리의 떠돌이 소년이 은행 안에서 금괴에 둘러싸인 노인을 마치 꿈이나 시적 환상처럼 바라보는 장면, 그리고 자신이 나무 속 빈 공간에 숨겨둔 '보물'을 확인하러 날마다 몰래 찾아가는 그 애타는 발걸음은 그의 어린 마음속에 자리잡은 불안과 희망, 그리고 소유에 대한 갈망을 섬세하게 드러낸다.

이와 같이 부에 대한 감정은 단순한 욕망을 넘어선다. 『시티 마담』[7]에서 루크가 자신의 재산을 향해 쏟아 내는 열정적인 독백은 마치 금화와 보석이 살아 있는 존재인 양 그에게 위안과 권력을 동시에 안겨 준다. 루크의 말투는 과장되고 광적이지만, 그 속에는 가난과 굴욕을 견뎌 낸 자만이 품을 수 있는 깊은 감정이 깃들어 있다. 또한 '스페

---

[7] 필립 매싱거의 희곡 『시티 마담』(1632)은 갑작스럽게 부를 얻게 된 인물 루크 프루걸의 극적인 변화를 중심으로 펼쳐진다. 그는 원래 형의 집에서 하인처럼 살아가던 인물이었지만, 형이 재산을 맡기고 떠나면서 모든 권한을 넘겨받는다. 그 순간부터 루크는 겸손했던 과거를 잊고, 부와 권력을 향한 탐욕에 사로잡혀 점점 오만하고 폭력적인 인물로 변해 간다. 해즐릿이 인용한 장면은 루크가 금화와 보석을 마치 신처럼 숭배하며 찬사를 늘어놓는 대목이다. 그는 그것들을 손에 쥐고 황홀경에 빠지며, 부를 단순한 소유가 아닌 신성한 존재로 여긴다. 이 장면은 단순한 풍자가 아니라, 당시 사회에서 부가 어떻게 인간의 정체성과 도덕을 뒤흔들 수 있는지를 극적으로 보여 준다.

인 도적[8]이 순금 주괴와 스페인 은화를 껴안으며 느끼는 황홀한 도취 속에서도 그와 같은 깊은 감정을 발견할 수 있다. 그것은 단순한 탐욕이 아니라, 생존의 끝자락에서 마주한 구원의 감각이다. 찰스 램은 이러한 장면들을 인용하며, 과거의 시인들이 부에 대해 쏟아낸 열광적인 찬가를 변호한 바 있다. 오늘날 우리의 보다 세련되고 절제된 감각으로는 그런 표현들이 거의 신성모독처럼 들릴 수도 있지만, 당시에는 자연스러운 감정이었다. 사치와 지식, 그리고 다양한 즐거움의 원천들이 널리 퍼지기 전의 시대에는 부와 그것을 상징하는 온갖 귀중한 것들에 대한 열망이 일종의 광기 혹은 환각에 가까웠다. 금전은 단순한 수단이 아니라 숭배의 대상이었다. 사람들은 부를 갈망했고, 부를 위해 살아갔으며, '맘몬'은 은유가 아니라 실존하는 신처럼 대접받았다.

돈이 없을 때의 비참함 중 하나는 여관에서 계산을 못하는 일이다. 혹은 간신히 계산은 했지만 종업원에게 줄 팁조차 남지 않는 상황, 통행료를 내지 못해 도로에서 되돌

---

8 마테오 알레만이 쓴 스페인 피카레스크 문학의 대표작『구즈만 데 알파라체』의 주인공 구즈만을 가리킨다. 그는 가난한 출신이지만 교활함과 기지를 통해 사회의 여러 계층을 넘나드는 인물이다. 해즐릿이 언급한 장면은 구즈만이 금괴와 스페인 은화를 손에 넣고 그것들을 껴안으며 황홀경에 빠지는 순간이다. 그는 그것들을 단순한 재산이 아니라 꿈과 권력, 자기 존재의 확증으로 여긴다. 단순한 탐욕이 아니라, 사회적 박탈감과 상승 욕망이 뒤섞인 복합적인 감정의 폭발이다.

아가야 하는 경우, 비 오는 날 마차를 부르지 못하고 호주머니에 달랑 남은 1실링을 친구에게 줘야 할 때의 난감함은 또 어떤가. 그 친구가 한여름 복숭아를 베어 물고 집 문을 두드리며 마차비 좀 대신 내달라고 한다면 말이다. 인생을 바꿀지도 모를 복권 한 장조차 살 수 없다는 현실은 또 어떻고. 시골 우체국에 도착한 편지를 찾아올 수수료조차 없어 발길을 돌려야 한다면 그 심정은 정말이지 참담하다. 그 편지에는 어쩌면 돈이 들어 있을지도 모른다. 봉투와 봉인을 만져 보는 순간, 마치 이미 그 돈을 손에 넣은 듯한 희망이 스친다. 봉투 속 지폐가 나를 향해 미소 짓는 듯한 착각마저 든다. 혹시 그게 연애편지라면 애타는 심정은 절정에 이른다. 돈이 없다는 이유로, 돈이 있었더라면 위로가 되었을 그 편지를 받을 수 없다는 사실은 참으로 가혹하다. 봉투에 적힌 이름을 상상하고, 필체를 엿보려 하고, 봉인을 손끝으로 만져 보면서도 그것을 열지 못할 때야말로 사랑에 빠진 신사의 고통이 극에 달하는 순간이다. 이때의 편지는 단지 종이 한 장이 아니다. 그것은 가능성의 상징이자 감정의 무게를 담은 물리적 실체다. 돈이 없으면 편지를 열 수 있는 권리조차 허락되지 않고 사랑과 존엄이 동시에 가로막힌다.

연극배우들은 때때로 극장의 소품과 의상 등 공연에 필

요한 '재산'이 압류당하면서 극심한 곤경에 빠진다.[9] 그로 인해 공연 자체가 불가능해지는 것이다. 작가들 역시 마찬가지다. 작품을 완성하려면 꼭 참고해야 할 책이 있는데, 그것을 살 돈이 없어 집필을 중단하게 된다. 세상에는 또 다른 부류의 불쌍한 사람들도 있다. 이들은 결코 쓰이지 않을 책의 기획서를 인쇄해 들고 다니며 후원자의 이름과 하프 크라운[10]을 구걸한다. 한물간 여배우[11]들은 해마다 극장에서 자선 공연을 열고, 자칭 애국자들은 정기 구독료로 생계를 유지하며,[12] 비평가들은 시에 대해 강연을 하며 전

---

9   당시 극단이나 배우들은 재정적으로 매우 불안정한 경우가 많았고, 공연을 준비하던 중 갑작스럽게 채권자들이 무대 장치나 의상을 법적으로 몰수해 버리는 일이 일어나곤 했다.
10 하프 크라운(half-a-crown)은 당시 영국 화폐로 2실링 6펜스에 해당하는 금액이다. 18-19세기에는 책을 출판하기 전에 '기획서(prospectus)'를 인쇄해, 그 책을 응원하거나 구매 의사를 밝힌 사람들의 이름을 돈과 함께 미리 받아 후원자 명단에 올렸다. 지금으로 말하면 '북펀딩' 또는 '선구매'인 셈이다. 그러나 여기서 해즐릿은 절대 쓰이지 않을 책의 기획서만 들고 다니며 사람들에게 이름과 돈을 요구하는 자들을 조롱한다. 그들은 문학적 야망은 있지만 실질적 성과는 없는 사람들, 혹은 사회적 신뢰를 이용해 생계를 유지하는 사람들이다.
11 한때 무대 위에서 찬란하게 빛났던 여배우들이 나이와 인기도의 쇠퇴로 더 이상 주요 배역을 맡지 못하고, 경제적 어려움에 처한 상태를 가리킨다. 당시 극장에서는 특정 인물을 위해 연 공연 수익을 해당 배우에게 전달하는 관행이 있었는데, 한물간 여배우들은 해마다 이런 자선 공연으로 생계를 이어가거나 최소한의 존엄을 유지하려 했다.
12 여기서 말하는 애국자들(patriots)은 단순히 나라를 사랑하는 사람이라기보다는, 정치적 이상이나 민족적 대의를 내세우며 활동하는 인물들을 가리킨다. 당시에는 정치적 소책자나 논설을 쓰는 작가, 연설가, 사회운동가들이 이에 해당했다. 이들은 자신의 활동을 지속하기 위해, 독자나 지지자들에게 '정기 구독료'의 명목으로 돈을 받아 생계를 유지했다. 즉 '애국심'이라는 고귀한 명분조차도 경제적 기반 없이는 유지될 수 없으며, 때로는 그 명분이 생계를 위한 수단으로 전락

국을 떠돈다. 나는 그들 가운데 어느 하나 부러운 사람이 없다.

그런가 하면 세상에는 살아 있을 수만 있다면 어떻게 사는지 상관하지 않는 사람들도 있다. 그들은 고통을 드러내는 일조차 꺼리지 않는다. 오히려 그것을 무대 삼아 관심과 명성을 좇는다. 그 명성은 어떤 형태든 상관없다. 신문에 이름이 실리는 것, 거리에서 연설하는 것, 단지 사람들의 시선을 끄는 것이라면 무엇이든. 그들은 대중을 향해 부끄러움 없이 팔을 벌리고, 삶의 상처를 장식처럼 내보인다. 게다가 '고상한 거지들'[13]도 있다. 그들은 정중하게 잘 쓴 편지 한 통으로 1실링만 빌려 달라고 요청한다. 조용히 혼자 사는 노총각이나 은퇴한 노처녀들은 그런 사람이 문을 두드릴 때 그 특유의 노크 소리를 알아챌 수 있다고 자부한다.

나는 어느 쪽이 더 나쁜 건지 잘 모르겠다. 미숙한 재능을 억지로 세상에 알리려는 후원자들인지, 아니면 그 재능이 쇠퇴한 뒤에야 형식적으로나마 조금씩 자선을 베푸는 사람들인지. 나는 문학 창작 기금이나 쇠락한 예술가들을 위한 기금 같은 것들을 그다지 좋아하지 않는다. 그것들은

하기도 한다는 것이 해즐릿의 냉소적 통찰이다.
13 겉으로는 고상하고 교양 있어 보이지만, 실제로는 경제적 어려움에 처해 은근히 도움을 요청하는 사람들을 지칭한다. 직접적인 구걸은 하지 않지만, 그들의 요청은 사실상 사회적 체면을 유지한 채 하는 간접적인 구걸이다.

종종 평범함을 돈으로 보상하고, 허세를 장려하며, 오만을 키울 뿐이다. 진정한 예술은 고요히 자라고, 때로는 외면 속에서 빛난다. 그런 제도들은 이 고요함을 이해하지 못한 채, 가장 요란한 목소리에 귀를 기울인다.

참으로 이상하게도 나는 배우들이야말로 돈 없이도 가장 능숙하게 살아갈 수 있는 존재처럼 느껴진다. 그들은 마치 특권을 부여받은 계층 같다. 물론 생계나 일상의 필요에서 완전히 자유롭지는 않지만, 강력한 예술적 능력 덕분에 그런 현실적 요구를 초월할 수 있는 힘을 지닌다. 배우들은 상상의 고통을 자신의 것으로 받아들이는 훈련을 받는다. 그래서 실제의 고통은 오히려 상상처럼 가볍게 느껴지고, 큰 어려움 없이 그것을 털어낼 수 있다. 배우들의 삶은 본질적으로 연극적이다. 삶의 우연한 사건들은 마치 무대 위의 장면처럼 끊임없이 바뀌고, 누더기와 화려한 의상, 눈물과 웃음, 가짜 식사와 진짜 식사, 보석 왕관과 짚 왕관까지 이 모든 것이 그들에게는 거의 같은 의미를 지닌다. 배우는 현실을 연기하고, 연기를 현실처럼 살아낸다. 그래서 배우들은 돈이 없어도, 그 결핍을 마치 하나의 역할처럼 받아들이고 살아간다. 그들의 삶은 무대 위에서처럼 유연하고, 때로는 허구보다 더 진실하다.

나는 이 논리를 더이상 한물간 배우들에게까지는 확장할 수 없을 것 같다. 그들의 직업을 감싸던 금빛 장식은 이미 벗겨져 그 아래 숨겨져 있던 불안정한 정신적 실체가 드러난다. 그들의 삶을 지탱하던 허영과 희망은 이미 그 역할을 다했고, 한때의 명랑함과 태평스러움은 이제 현재의 낙담과 무력감을 더욱 도드라지게 만드는 대비 효과로 작용한다. 그리고 결핍과 병약함이 한꺼번에 그들을 짓누른다. 오필리아의 말처럼 "우리는 우리가 누구인지는 알지만, 우리가 무엇이 될지는 모른다." 이 한 문장은 인간 존재의 불확실성과 그 안에 깃든 희망 혹은 비극을 동시에 품고 있다. 가난과 고통의 끝자락에는 구빈원이 있다. 그곳은 단순한 시설이 아니라 하나의 상징이자 삶의 가장 어두운 면을 응축한 공간이며, 인간의 존엄이 가장 쉽게 무너지는 장소다. 그리고 사회가 더이상 책임지지 않는 사람들을 위한 마지막 정거장이며, 그 이름만으로도 이미 충분히 음울하고 굴욕적이다. 하지만 '구빈원'이라는 말조차도 그 고통의 전부를 담아내지 못한다. 다시 오필리아의 말처럼 "그 가장 깊은 나락 아래에 더 깊은 나락이 우리를 기다리고 있을 수 있다."

얼마 전 한 남자에 대한 이야기를 들었다. 그는 런던에서 오랫동안 성실하게 장사를 해 온 상인이었으나, 결국 노인과 빈민이 모이는 수용소 같은 시설에 몸을 피할 수밖에 없었다. 그래도 자기는 만족할 수 있다고 말했다. 규칙적인 식사, 벽난로 옆 작은 자리, 등에 걸칠 외투 하나만으로도 괜찮다고 했다. 하지만 세 사람이 한 침대에서 자야 했는데, 그 중 한 사람은 정신이 온전치 않아 밤마다 잠든 이들의 코를 꼬집고, 수면모자를 머리 위로 휘두르며 장난을 치는 것이 큰 즐거움이었다. 결국 나머지 두 사람은 잠을 포기하고 그를 붙잡고 있어야만 했다. 이런 상황을 견딘다는 것은 단순히 육체적 고통을 넘어서 정신적 인내의 극한을 의미한다. 이것은 더이상 '사는 것'이 아니라 '버티는 것'이며, 그 속에는 인간의 가장 깊은 절망과 가장 끈질긴 생존 본능이 교차한다. 우리는 인간의 삶이 얼마나 하찮고 얼마나 쉽게 부서질 수 있는지 종종 잊는다. 하지만 그 삶은 가장 가느다랗고 고통스러운 실오라기 하나에도 집요하게 매달린다. 그런데도 이 남자는 젊은 시절 소박하게나마 사랑을 했던 사람이었다. 지금도 가끔 옛 연인에게 편지를 쓰면 그녀가 그의 하소연을 들어주고, 때때로 연하게 탄 홍차 한 잔으로 그를 위로해 준다. 그는 여전히 편지를 이렇게 시작한다. "친애하는 낸시 양께." 그 한 줄에 담긴 감정은 과거의 기억과 현재의 고독, 그리고 아직 꺼지지 않은 인간적인 온기를 모두 품고 있다.

돈이 없어서 받는 가장 큰 고통 중 하나는, 빚쟁이가 문을 두드리는 소리 또는 그 소리가 들릴까 봐 미리 느끼는 침묵의 불안이다. 그의 발소리가 가까워질수록 마음속의 수치심은 점점 더 깊어진다. 맞서고 싶은 마음과 피하고 싶은 마음이 엇갈리고, 호통치고 싶지만 괜히 자극할까 두려워 입술이 굳는다. 빚쟁이 앞에서 우리는 진짜 같은 핑계를 늘어놓고, 때로는 진짜 핑계를 숨긴다. 무례함을 견디고, 곧 돈이 생길 거라는 허망한 약속을 한다. 그에게도 자신에게도 거짓을 연기하는 셈이다. 그 순간의 굴욕은 자기 자신을 향한 실망과 부끄러움에서 비롯된다.

정당하고 반복되는 청구 앞에서 아무런 지불 능력이 없다는 사실을 마주하는 순간의 심정이란 참으로 비참하다. 신뢰를 저버린 죄책감에 시달리기도 한다. 신용은 이미 무너졌고 상대의 자비에 기대는 처지가 된다. 자신이 사기꾼처럼 아니면 바보처럼 느껴지기도 한다. 아무리 진심을 담아 설명하고 사정을 털어놓아도, 빚쟁이의 눈빛 속에는 의심과 실망이 깃들어 있다. 그리고 그 실망은 때로는 말보다 더 깊게 상처를 남긴다. 그 순간 경멸을 피할 수 있는 유일한 길은 동정을 받는 것뿐이다. 멀리 다녀온다고 핑계를 대고 몇 달 동안 피해 다니던 빚쟁이를 거리에서 우연히 마주치는 순간, 그 짧은 눈맞춤 하나로 하루가 무너진다. 심장은 조여 오고, 얼굴은 화끈거린다. 그 순간의 당혹감은 단순한 부끄러움이 아니라, 자신이 만든 거짓된 평온이 산산이 부서지는 감각이다.

또한 친구에게 빌린 돈을 그가 꼭 필요로 하는 상황에서

갚지 못한다는 것도 괴롭고, 반대로 자신이 너무 궁핍한 나머지 친구에게 빌려준 돈을 되돌려 달라고 말해야 하는 상황도 결코 유쾌하지 않다. 명예의 빚[14]과 법적 채무 중 어느 쪽이 더 나은지 판단하기란 어렵다. 둘 다 충분히 고통스럽고, 사람을 결국 돈놀이꾼의 손아귀로 몰아넣는 정당한 핑계가 되기도 하니 말이다. 돈놀이꾼들에게 돈을 요청해 성공했다면, 그 순간은 마치 독수리의 발톱에 채인 듯한 감각을 동반한다. 마치 과거에 악마에게 영혼을 팔았던 이들이 느꼈을 법한 자괴감과 흡사하다. 반대로 요청이 거절되었을 경우에는 그보다 더 쓰라리다. 그들은 매끄럽고 정중한 태도 속에 담긴 냉소와 경멸의 눈빛으로 우리를 돌려보낸다. 마치 우리의 손아귀에서 벗어난 것이 그들인 양. 실은 우리가 그들의 손아귀에서 벗어나지 못한 것인데도 말이다.

궁핍한 상황에서 느끼는 굴욕과 고통에 더해, 자존심이 그 고통을 더욱 날카롭게 찌를 때 그것이야말로 가장 참혹한 순간이다. 공들여 준비한 그림이 전시회에서 거절당하고, 애써 쓴 원고가 출판사로부터 반송되고, 심혈을 기울인 비극이 무대에서 혹평을 받고 망하는 순간, 이 모든 일

---

[14] '명예의 빚(debts of honour)'은 법원에서 강제로 징수할 수는 없지만, 사회적 신뢰나 개인의 명예를 지키기 위해 갚아야 하는 빚이다. 예를 들어 친구에게 빌린 돈, 도박에서 진 돈, 혹은 개인적인 약속에 따른 금전적 의무 등이 이에 해당한다.

돈 없이 살아간다는 것은

이 돈과 신용이 바닥난 바로 그 시점에 겹쳐진다면 버림받은 듯한 무력감과 고립감은 이루 말할 수 없다. 이 절망의 정점은 호가스의 연작『난봉꾼의 일대기』[15] 중 감옥 장면에서 극적으로 표현된다. 그 장면에서 주인공은 극장 관리자에게서 받은 편지를 손에서 떨어뜨린다. 그 편지에는 단 한 줄의 냉정한 문장이 적혀 있다. "당신의 희곡을 읽어 보았지만, 안 되겠습니다."[16]

가난은 느끼는 것만으로도 고통스럽다. 하지만 그 가난에서 벗어날 능력조차 없다는 자각, 자신에게는 상황을 되돌릴 만한 재능이나 자격이 없다는 인식, 그리고 존경받기는커녕 박해와 모욕의 대상이 되는 현실은 인간이 겪을 수 있는 가장 깊은 무력감의 단계다. 세상에서 가장 애처로운 이야기 중 하나로 꼽히는 토바이어스 스몰렛[17]의 일화가 있다. 감옥에 갇힌 한 신사와 숙녀의 이야기다. 그들은 단지 돈을 조금 마련하려다 군중에게 거칠게 다뤄지고 그녀는 초라한 모습으로 서 있는 그를 변호하며 이렇게 말한다. "아, 저이는 한때 멋진 사람이었어요!" 이 한마디는 시

---

15 윌리엄 호가스가 1732년에서 1734년에 걸쳐 그린 풍자화 시리즈. 주인공 톰 레이크웰은 부유한 상인의 아들로 아버지의 유산을 물려받자마자 사치, 도박, 향락에 빠져들며 몰락의 길을 걷다가 결국 채무자 감옥에 들어가는 과정을 그린다
16 이것은 로토의 낙첨을 알리고 다음에는 행운을 빈다는 통지를 받았을 때 드는 속상함이나 바보 같은 기분이 드는 것과 같다고 할까. (원주)
17 Tobias George Smollett(1721-1771), 스코틀랜드의 작가이자 의사였다. '악당 소설' 작가로 유명했다.

간의 잔혹함과 인간의 연약함을 모두 담고 있다.

어떤 시인은 가난이 주는 가장 큰 불편은 사람을 우스꽝스럽게 만드는 것[18]이라고 했는데 정확한 지적이다. 가난은 굴욕만 안겨 주는 것이 아니라, 주변 사람들의 민낯까지 드러낸다. 가난 그 자체보다 상처가 되는 것은 가난해졌을 때 받는 대우다. 가난해진 사람은 타인의 시선과 태도 속에서 자신이 얼마나 외로운 존재인지 깨닫게 된다. 도움을 구하지 않을 때는 조언이 넘쳐난다. "이럴 땐 이렇게 해 봐," "내가 아는 사람은 이런 식으로 극복했어." 하지만 막상 손을 내밀어야 할 순간이 오면 그들은 조용히 사라진다. 우리가 도움을 청할지도 모른다는 기척만으로도 마치 쓰러지는 말을 피하듯 도망친다. 가난은 그래서 더욱 고독하다. 그것은 단지 물질의 결핍이 아니라, 관계의 침묵이며, 인간 사이의 거리다.

사람들이 부유하고 성공한 이들과 어울리려는 이유가 단지 무언가를 얻기 위한 목적 때문이라고 생각하는 것은 오해다. 그들에게 다가가는 이유는 외적인 지위와 화려함이 우리의 상상력을 만족시키고 압도하기 때문이다. 마치

---

18 고대 로마의 시인 데키무스 유니우스 유베날리스를 인용한 것으로 보인다. 그는 "가난은 쓰라리다. 그러나 사람을 우스꽝스럽게 만든다는 것이 가난의 가장 아픈 부분이다"라고 풍자했다. 한편, 알렉산더 포프는 종종 가난한 사람은 능력이 부족해서가 아니라 사회가 그들을 조롱하고 배제하기 때문에 더 고통받는다는 점을 강조했다.

돈 없이 살아간다는 것은

우리가 건강하고 활기찬 사람들과 함께 있기를 선호하고 병약하거나 우울한 사람들과는 거리를 두려 하는 것처럼, 또는 우리가 아름다운 여성과 대화하길 선호하고 그렇지 않은 여성과는 대화를 줄이고 싶은 것처럼 말이다. 마치 건강하고 명랑한 사람 곁에 있으면 삶이 더 밝아지는 것처럼, 아름다운 사람과 대화할 때는 말투조차 달라지는 것처럼, 우리는 그들이 가진 것보다 그들이 '상징하는 것'에 끌리는 것이다. 우리는 활기찬 사람에게 마음이 열리고 고요한 고통보다는 찬란한 가능성에 더 오래 시선을 둔다. 이러한 선택은 도덕적 판단이 아니라 감각의 반응이다. 이것은 탐욕이 아니라 인간적인 갈망의 한 형태이며, 그 갈망은 때로 우리를 더 나은 삶으로 이끌기도 한다.

 나는 어떤 상황에서도 거리낌없이 돈을 빌려주는 사람을 단 한 명밖에 알지 못한다. (그런데 아이러니하게도 그는 돈을 갚을 가능성이 있는 사람에게는 오히려 까다롭게 굴며 시비를 걸곤 했다.) 그의 행동은 아마도 낙관적이고 웅대한 기질, 즉 앞날의 결과에 얽매이지 않고 눈앞의 불리한 상황에도 흔들리지 않는 정신에서 비롯되었다고 생각된다. 그런데 도움을 받은 다른 이들은 그것이 관대함이 아니라 과시욕 때문이었다고 말한다. 만약 그렇다면, 그는 그 과시욕을 내게는 철저히 숨겼나 보다. 단 한 번도 그가 나에게 은혜를 베풀었다는 암시나 태도를 느낀 적이 없다.

오히려 내가 돈을 빌려준 사람이고, 그가 도움을 받은 사람처럼 느껴질 정도였다. 그는 내가 최선을 다하도록 격려했고, 잠자고 있던 능력을 일깨워 주었으며, 경제적 안정을 누리게 해 주는 조건으로 정신적인 자유와 독립의 유지를 걸었다. 내가 무언가를 이루었을 때 그는 진심으로 기뻐했고 그 기쁨은 내 성공을 그의 것으로 삼으려는 욕심이 아니라, 나의 빛나는 모습을 보는 즐거움에서 비롯된 것이었다. 그의 후원은 내게 부끄러움이 아니라 자부심을 주었다. 그와의 관계가 끝났다는 사실이 아쉬울 뿐이다. 그가 사라진 자리에 남은 것은 단지 빈 지갑이 아니라 인간적인 품위와 우정의 흔적이다. 그리고 그 흔적은 지금도 조용히 내 마음속에서 반짝인다.

파리에서도 사람들은 삶을 견뎌내고 있다.[19] 불바르[20]에 줄지어 놓인 의자들에는 화려한 옷차림에 미소를 띤 사람들로 가득하고, 살롱[21]은 화려하며, 극장에는 마드무아젤

---

19 해즐릿은 이 글을 1827년 1월에 써서 《뉴 먼슬리 매거진》에 기고했다. 당시 부르봉 왕정복고 치하의 파리에서는 정치적, 사회적 긴장이 끊이지 않았다. 나폴레옹의 몰락으로 상심했던 해즐릿의 심정이 엿보인다.
20 해즐릿이 말하는 불바르(Boulevards)는 단순한 도로를 뜻하는 것이 아니라 19세기 파리의 대표적인 도시 공간, 특히 사람들이 산책하고 사교를 즐기던 화려한 거리들을 가리킨다. 불바르는 파리의 세련된 삶과 외적 화려함의 상징으로 사용되며 해즐릿의 감정적 고립과 시대적 풍경을 대비시키는 공간이기도 하다.
21 19세기 파리의 귀족이나 부유한 지식인들이 자신의 집이나 고급 장소에서 예술가, 철학자, 문인, 정치가 등을 초대해 지적 대화, 음악 감상, 문학 토론 등을 나누던 사교 공간을 가리킨다. 해즐릿에게 그곳은 감정적 고립과 시대적 풍경을 대비시키는 상징적 공간이다.

마르스[22]가 나온다. 하지만 이 모든 게 지금의 나에게 무슨 의미가 있을까? 삶의 어느 시점을 지나면 우리는 오직 기억 속에서만 살아간다. 내게 단 하루만 허락된다면, 나폴레옹 보나파르트가 패전하기 전[23] 짙은 자줏빛 숲을 거닐며 박스힐[24]에서 보낸 그날로 돌아가고 싶다! "아티카의 맛이 담긴 와인"[25]과 함께 재치와 아름다움, 우정이 식탁을 지배하던 그날 밤! 하지만 안타깝게도 그 시간도, 떠나간 친구들도 다시 불러올 수는 없다.

가난은 진실의 시금석이요, 품격의 시험대다. 가령 외국에 나가 생활하다가도 송금이 제때 되지 않으면 주변 사람들의 태도는 놀랄 만큼 차가워진다. 그동안 귀족처럼 살아왔을지라도 그렇다. 돈이 없으면 우리는 굳이 붙잡을 가치도 없는 친구들을 잃게 되고, 변덕스럽거나 허영심 많은 연인들도 떠나간다. 가난은 우리를 사회에서 배제시키는

---

22 Mademoiselle Mars(1779-1847), 프랑스 연극계의 전설로 연기가 너무나 인상적이어서 나폴레옹조차 그녀의 목소리와 매력에 깊이 감탄했다고 전해진다.
23 1815년 워털루 전투에서 나폴레옹 보나파르트가 패배했으며, 이것은 그의 운명을 최종적으로 결정지었다.
24 영국 남동부 서리주의 박스힐은 아름다운 자연 경관을 자랑하는 지역이다. 해즐릿은 주로 런던에 거주했고 윈터슬로 같은 지방에서 지내기도 했지만 박스힐에서 살았다는 기록은 없다. 다만 박스힐에서 가까운 버포드 브리지 호텔에서 지낸 적이 있는 것으로 보인다. 존 키츠도 이 호텔에서 「엔디미온」(1818)을 썼다.
25 단순히 고급 와인을 뜻하는 것이 아니라, 고대 그리스 아테네의 세련된 지성과 품격을 상징하는 은유적 표현이다.

데, 그 사회란 결국 옷차림과 마차가 입장권인 곳이다. 또한 우리는 부자만이 누릴 수 있는 온갖 사치와 특권에서도 제외된다. 그런데 이 특권의 유일한 가치는 오직 큰 재산을 가진 자들만의 소유라는 사실에 있다. 결국 가난은 단순히 물질의 결핍이 아니라, 사회적 배제의 경험이다. 어떤 사람들은 값비싼 말, 웅장한 집, 마차, 다이아몬드 목걸이, 무도회 티켓을 살 수 없어서 불행해 한다. 하지만 그런 감정은 나랑은 좀 거리가 있다. 생각하며 살 수 있고, 살아가며 생각할 수 있다면 나는 그것으로 충분하다.

또 어떤 사람은 그림을 소유하고 싶어하고, 또 어떤 사람은 희귀본을 수집하고 싶어한다. 하지만 나는 가끔 그림을 보고 책을 읽을 수 있으면 그걸로 충분하다. 시인 토머스 그레이는 희귀본을 경매 입찰할 돈이 없어서 깊은 상심에 빠져 있었다. 그런데 어느 공작 부인이 그것을 선물하고는 이렇게 우아한 찬사를 건넸다. "당신이 만족했다면, 나는 이미 충분히 보상을 받았습니다. 당신이 쓴 「시골 교회 묘지에서 쓴 비가」를 읽는 즐거움으로 말입니다"라며 후하게 시인을 칭찬했다. 이 말은 단순한 격려가 아니라 진심 어린 존경의 표현이다. 다시 말해 부유한 이가 가난한 시인에게 베푸는 동정이 아니라, 그의 작품이 자신에게 준 감동을 되돌려 주는 방식이었다.

돈 없이 살아간다는 것은

사실 돈 없이 세상을 살아간다는 것은 불가능하다. 돈이 없다는 것은 존중도 기쁨도 없이 인생을 통과해야 한다는 뜻이다. 돈이 없으면 은둔하거나 깔보는 삶을 감수할 수밖에 없다. 중요한 자리에 초대받지 못하고, 간신히 끼어들면 경멸의 눈초리를 받는다. 의견을 묻는 사람도 없고, 재능은 트집잡히고, 재치는 오히려 불편함으로 받아들여진다. 결국 말할 의지마저 사라지고, 침묵은 자존을 지키기 위한 마지막 방어가 된다. 낯선 이들에게는 판단의 대상이 되고, 친구들에게는 무시를 당한다. 이렇게 우리는 상황의 노예가 되어 자신이 속한 땅에서도 이방인이 된다. 여가와 자유와 마음의 평온을 포기해야 하고, 타인의 기분에 휘둘리며 살아가거나, 고되고 불안정한 일로 넌더리가 나는 생활을 이어 가야 한다. 말단 점원으로 일하거나, 지루한 사무직에 파묻히거나, 하숙집 여주인과 마음에도 없는 결혼을 하거나, 서인도 제도 같은 곳으로 떠나 병든 몸으로 돌아올 수도 있다.

게다가 직업을 가져도 이름뿐인 경우가 많다. 사건 하나 없는 변호사, 글이 팔리지 않는 기자, 폐지를 줍는 이, 혹은 고대 문서를 베끼다 손이 망가진 필경사, 인장을 새기다 시력을 잃는 장인 등등. 예술을 좇는 이들은 더 복잡한 운명을 맞는다. 실패는 고통스럽지만, 어설픈 성공은 더 잔인하다. 그들은 잠시 주목받고, 곧 질투와 중상에 휘

말리다가 결국은 잊혀진다. 이름은 남지만 삶은 사라진다. 이 모든 가능성은 오로지 단 하나의 조건에서 비롯된다. 돈이 없다는 것. 그리고 그 결핍은 삶을 조용히, 그러나 철저하게 바꿔 놓는다. 처음엔 열정과 꿈으로 가득차 있었지만 결국엔 실망과 쓸쓸함만 남는다. 마차를 탈 돈이 없어서 군중에게 떠밀리고, 우리의 가치를 아는 사람들조차 도움을 요청받을까 두려워 우리를 피한다. 가족에게는 짐이 되고, 그들을 도울 수도, 자신을 지킬 수도 없다. 외출이 부끄럽고, 집에서도 위로받지 못한다. 점점 자신감을 잃고 남아 있던 재능마저 사라진다. 성격은 까칠해지고, 우울해지고, 모든 것에 불만을 품게 되며, 그중에서도 가장 미워하게 되는 대상은 결국 자기 자신이다. 삶에 지쳐 조용히 죽을 곳을 찾기 시작하다가 마침내 세상을 떠나면, 아무도 우리가 남긴 것이 무엇인지 묻지 않는다. 어쩌면 현명한 체하는 자들이 우리가 세상을 떠난 뒤에야 관 주위에 모여들어 고가의 기념비를 세우고 우리의 재능과 불운을 기릴지 모른다.

그래서 나는 때때로 성직자나 군인의 삶을 부러워한다. 그들은 가난해도 모욕을 받지 않기 때문이다. 시골 마을의 큰 재산을 가진 여자는 가난한 하급 장교와 결혼해도 그녀의 품위에 흠집이 나지 않는다. 장교는 반드시 직능에 맞는 훌륭한 인격을 가지고 있으리라는 인식 때문이다. 성직자는 장교보다 더 높이 여겨진다. 에차드가 『성직자에 대한 경멸』에서 주장한 내용은 설득력이 없다. 절대적 빈곤만 피할 수 있다면, 성직자들의 역할은 단지 존경받을 만한 수준을 넘어서 신성한 것으로 여겨진다. 자발적인 가난은 결코 경멸받지 않고 오히려 영웅적인 면모를 띤다.

구걸하는 수도사들은 어떤가? 그들은 왕의 목덜미에 더러운 발을 얹은 적도 있지 않은가.[26] 그들의 가난은 신념이며 권위였다. 돈은 사치일 뿐이며, 그 가치란 결국 존경을 살 수 있다는 점에서만 의미가 있다. 돈은 힘의 한 형태일 뿐이다. 하지만 이미 사회적으로 인정받는 다른 지위나 명분이 있다면, 돈은 필수가 아니다. 오히려 돈을 무시하는 태도는 돈보다 높은 위치에 있다는 증거로 존경받는다. 심지어 떠돌이 거지조차도 자신의 신분을 당당히 밝히고, 진정으로 아무것도 소유하지 않고 아무것도 바라지 않는다면 인기를 끌 수 있다. 가난은 선택일 때 존엄이 되고, 신념일 때 권위가 된다. 무소유는 때로 가장 강력한 선언이다.

흔히 스코틀랜드인들은 가난하지만 자존심이 세다고 알려져 있다. 그들이 마음만 먹으면 언제든지 가난을 극복

---

26 "그들은 왕의 목덜미에 더러운 발을 얹은 적도 있지 않은가(Have they not put their base feet upon the necks of princes?)"라는 표현은 왕을 완전히 제압했다는 상징적 행위이다. 역사 속에서 가난한 수도사들이 겉보기엔 비천했지만 실제로는 왕이나 귀족보다 더 큰 영향력을 행사한 사례들을 암시한다. 대표적으로 아시시의 성 프란치스코, 중세 영국의 도미니코 수도사들이 있다.

할 수 있다는 사실을 우리는 알고 있다. 그래서 아무도 그들을 불쌍하게 여기지 않는다. 한편, 프랑스 혁명 이후 영국으로 망명한 프랑스인들[27]은 특이한 처지에 놓여 있었다. 프랑스 성직자들은 종교 때문에 영국의 민중에게 미움을 받았고, 귀족들과 함께 정치적 이유로도 반감을 샀다. 그들의 가난과 지저분한 외모는 많은 냉대를 불러왔지만 그들이 겪은 결핍은 자발적인 것이었고, 프랑스인 특유의 인내심과 유쾌함으로 견뎌냈기 때문에 경멸의 대상이 되지는 않았다.[28]

나는 한여름 소머스 타운에서 그들과 마주치곤 했다. 긴 외투를 입고 수염은 코담배로 얼룩진 그들이 희망과 회한이 뒤섞인 눈빛으로 석양을 바라보던 모습을 나는 연민과 존경의 시선으로 쳐다보았다. 그들은 앙시엥 레짐의 마지막 희미한 흔적이었으며, 충성과 미신의 그림자처럼 세상을 떠돌다 곧 사라질 존재처럼 보였다. 그러나 그들이 훗날 피 흘리는 조국으로 돌아가[29] 자유의 죽음을 조롱하는 하피[30]처럼 군림하게 될 줄은 상상도 못했다. 망명은 때로

---

27 프랑스 혁명 이후 영국으로 망명한 왕당파 귀족과 성직자들을 가리킨다.
28 프랑스 망명자들은 종교적·정치적으로 비호감이었지만, 자발적 희생과 긍정적인 태도 덕분에 사회적 경멸은 피할 수 있었다. 해즐릿은 여기서 태도와 인격이 가난의 인식을 바꿀 수 있다는 점을 강조한다.
29 프랑스가 혁명과 반혁명, 전쟁으로 피폐해진 상태를 상징한다.
30 하피(Harpy)는 그리스 신화에서 더럽고 탐욕스러운 괴물로, 여기서는 자유의 무덤 위에서 승리를 즐기는 위선적인 권력자들을 상징한다.

돈 없이 살아간다는 것은

멜키오르 로르히 〈하피〉 1582년

는 고요한 회한이지만 귀환은 역사의 아이러니[31]가 된다.

그들과 관련하여 덧붙이자면, 귀족이면서 가톨릭 신자이고 빈자로 사는 것[32]이 어떤 성향의 사람들에게는 오히려 매력적으로 느껴질 수도 있다. 외형적 지위는 있지만 재산이 없는 삶에는 조용한 위엄이 있다. 그리고 일상의 불편과 굴욕은 오히려 자존심을 날카롭게 다듬는다. 공적이든 사적이든 모든 불편함은 그 사람에게 자신이 누구인지, 조상이 누구였는지를 끊임없이 상기시킨다. 그렇게 형

---

31 한때 연민과 존경의 대상이었던 이들이 결국 자유를 파괴하는 권력의 상징이 되었다는 비극을 고발하고 있다.
32 실제 역사에서 찰스 에드워드 스튜어트(1720-1788)는 왕족의 자존심, 종교적 소수자라는 정체성, 그리고 경제적 몰락이 겹친 인물이다. 그는 권력을 잃고 배척당했으며, 가난 속에서도 자존심으로 버텼다. 해즐릿이 말한 역설적 존엄의 상징이라 할 수 있다.

성된 자존감은 점차 순수하고 추상적인 이상으로 승화된다. 그것은 세속에 물들지 않은, 오염되지 않은 정신의 깊은 곳에서 피어난 자존심이다.

세상을 살아가며 내가 관찰한 바에 따르면, 겉보기엔 전혀 다른 듯하지만 실은 꽤 닮은 두 부류가 있다. 하나는 자기 손에 들어온 돈을 손에 붙들고 있지 못하는 사람이고, 다른 하나는 남의 돈에 손을 대지 않고는 못 배기는 사람이다.

첫 번째 부류는 늘 돈이 부족하다. 그런데 정작 그 돈을 어디에 썼는지 본인도 모른다. 계획도 없고 목적도 없이 그저 흘러가는 대로 돈을 써 버린다. 그리고 수중에 남는 것은 하나도 없다. 예컨대 그들은 자기 명의의 멋진 집 한 채도 없으면서 남의 집을 두 채씩이나 임대하며 살아간다. 마당에 온실은 없지만, 실내를 관목 화분으로 채워 작은 숲처럼 꾸민다. 도박을 하지는 않지만, 책을 잔뜩 사들여 서재를 만들고는 이사할 때 몽땅 처분해 버린다. 어느 후한 부자 친구나 후원자가 그들에게 거처를 제공해 주면, 마치 제 집처럼 편안하게 지내며 그곳을 근사하게 꾸민다. 그리고 그들이 떠난 뒤 다음에 들어오는 사람들이 그 혜택을 누린다. 그렇게 돈을 물처럼 쓰니 결국 양다리 한 조각과 와인 한 병으로 식사를 해결하고 합승마차를 얻어 타는 신세가 된다. 조금만 계획을 세운다면 손님도 초대하고 멋진 마차도 굴릴 수 있었을 텐데, 이들은 돈을 마치 뜨거운 감자처럼 빨리 없애야 할 것으로 여긴다. 그래서 결국 돈이 어디로 사라졌는지 아무도 모른다.

  두 번째 부류는 자기 돈만 탕진하는 데 그치지 않고 남의 돈까지도 탐욕스레 움켜쥐려는 자들이다. 그들에게 무언가 빌려주기를 거절하면, 마치 우리가 잘못했다는 듯이 우긴다. 만일 우리가 판화든 흉상이든 어떤 물건을 잠시 맡기기라도 하면, 그들은 우리가 준 것이라 주장하며 기증자에 대한 깊은 존경심을 이유로 돌려줄 수 없다고 말한다. 그들의 빚 규모에 놀랄 수도 있지만 사람들이 계속 돈을 빌려주니 그리 특별할 것도 없다. 이 '뻔뻔한 구걸꾼'[33]들은 권총을 든 강도처럼 우리에게 돈을 뜯어낼 때까지 떠나지 않으니 이를 어찌 막을 수 있겠는가? 염치 없는 자가 염치 있는 자를 지배한다. 우리는 그들의 인격을 존중하는 마음에 경찰을 부르지도 못하고, 결국은 지갑을 내어 주게 된다. 가만 보면 이런 자들이 또 가난하다. 쉽게 얻은 것은 쉽게 사라지고, 결국 거품은 꺼지기 마련이니까. 그들이

---

33 '뻔뻔한 구걸꾼(sturdy beggars)'은 '14세기부터 19세기까지 영국 사회에서 사용된 역사적 용어로, 일할 능력이 있음에도 구걸하거나 방랑하는 사람들을 지칭했다. 이들은 단순한 빈곤층과는 구분되었으며, 당시 법률과 사회적 시각에서는 게으름과 기만의 상징으로 여겨졌다. 엘리자베스 여왕 시대에 이르러 일할 수 없는 자(노인과 병자)는 구제 대상이었지만 '뻔뻔한 구걸꾼'은 공공질서의 위협으로 간주되어 감금, 태형, 추방의 처벌을 받았다. 오늘날에는 사용되지 않는 용어이다.

속임수로 생계를 꾸리는 데 들이는 시간과 노력을 훌륭한 예술이나 학문에 쏟는다면, 부유하지는 않더라도 최소한 존경받는 인물이 될 것이다. 그들을 파멸로 이끄는 것은 바로 돈을 빌리는 능숙함이다. 잘 모르는 사람의 집에 들어가 주인에게 그럴듯하고 거창한 구실을 대며 빌린 큰돈을 주머니에 넣고 유유히 떠날 수 있을 만큼 뻔뻔한 사람이라면 결코 열심히 일하지 않는다. 그것은 마치 강도가 강도질을 안 할 때는 열심히 공부하리라고 믿는 것과 다를 바 없다.

철학자 토머스 웨지우드는 인간의 마음에는 균형을 맞추려는 원리가 있다고 주장한 바 있다. 무언가가 결핍되면 우리는 그 존재를 더 강하게 느낀다는 것이다. 모욕은 자존심을 자극하고, 고통은 다가올 안도감을 상상하게 한다. 배고픔은 아직 준비되지 않은 음식의 맛을 상상하게 만든다. 마찬가지로 가난한 사람은 부에 대한 환상으로 자신을 둘러싼다. 마치 호가스의 그림 속 가난한 시인이 낡은 방벽에 페루의 보물 지도를 걸어 놓은 것처럼. 요컨대 "우리는 손에 불을 쥐고도 마음속으로는 눈 덮인 코카서스를 떠올릴 수 있다"는 것이다. 그럴듯한 발상이며 일정 부분 진실을 담고 있지만, 어디까지나 제한된 범위 안에서만 유효하다. 상상은 결핍을 견디게 하지만, 결핍은 결국 현실을 요구하기 때문이다.

돈 없이 살아간다는 것은

윌리엄 호가스 〈가난한 시인〉 1740년

　이 에세이의 주제와 관련하여 마지막으로 떠올릴 수 있는 또 하나의 부류가 있다. 돈이 있는데도 돈을 쓸 마음이 없어서 늘 궁상맞게 사는 사람들이다. 이들은 어쩌면 다른 모든 부류보다 더 안타깝고 불쌍한 존재일지도 모른다. 풍요 속에 살면서도 스스로를 결핍 속에 가둔다. 자기의 정당한 소유물에 손대는 것조차 겁을 내고, 자신의 영혼이 자기 것이라고 말할 용기조차 없다. 이들의 재산은 자물쇠나 금고에 갇혀 있는 게 아니라, 두려움과 소심함으로 단단히 봉인되어 있다. 이들은 기본적인 안락함조차 스스로에게 허락하지 않는다. 따뜻한 외투 한 벌, 제대로 된 식사한 끼조차 사치처럼 느껴진다. 빈민이 되어 공공부조에 의존하게 될까 봐 평생을 두려워하며 살아간다. 그리고 죽음이 다가왔을 때 자기가 자신에게 재정적 부담이 되지 않는다는 사실에 안도한다. 이 모습은 오래된 풍자시 한 줄에 담긴 냉소적 아이러니를 떠올리게 한다.

여기 클라지스 신부가 누워 계시다.
그는 비용을 아끼기 위해 죽었다.

가난은 결핍에서 오기도 하지만 때로는 두려움에서 비롯된다. 그리고 그 두려움은 삶을 조용히 말라가게 만든다.

줄 위에서 춤추는 일이
지적 작업보다 쉬운 일일까?
그렇게 생각하는 사람은
직접 줄타기를 해보라.

인도인 곡예사

터번을 단단히 두른 흰색 옷차림의 한 남자가 앞으로 걸어 나와 조용히 땅에 앉는다. 남자는 황동 공 두 개를 꺼내 들고 저글링을 시작한다. 그 모습은 익숙하고 단순해 보이며, 누구나 약간만 연습하면 할 수 있는 일이다. 하지만 그는 이내 공 네 개를 동시에 공중에 띄운다. 손끝은 쉼 없이 움직이고, 공들은 허공에서 정교한 궤적을 그리며 춤을 춘다. 그 순간, 우리는 깨닫는다. 평생을 바쳐도 우리는 그 경지에 이를 수 없다는 사실을. 그렇다면 우리가 목격하는 것은 쉬운 능력일까, 아니면 기적에 가까운 능력일까? 그가 보여 준 것은 인간이 해낼 수 있는 능력의 정점이었다. 아주 어린 시절부터 몸과 마음을 오직 그것 하나에 집중하고, 끊임없이 노력하며 자라온 사람만이 겨우 이 수준에

도달하거나 조금이라도 가까이 갈 수 있다.

"인간이여, 너는 참으로 경이로운 존재이며 너의 행동은 도무지 이해할 수 없다! 너는 놀라운 일을 해낼 수 있지만, 그 능력을 제대로 활용하지는 못하는구나!" 이 놀라운 손재주를 떠올리기만 해도 상상이 흐트러지고, 숨이 막힐 정도로 감탄이 벅차오른다. 그런데 정작 그걸 행하는 사람은 아무렇지도 않게 해낸다. 마치 자신은 아무런 수고도 하지 않고, 그저 관객들의 놀라는 모습을 지켜보며 웃고

있는 것처럼 보일 뿐이다. 조금이라도 어긋나거나, 눈 깜짝할 사이의 아주 미세한 실수 하나만으로도 모든 것이 무너질 수 있다. 그의 움직임은 번개처럼 빠르면서도 수학적으로 정밀해야 한다.

불과 1초도 안 되는 시간 안에 남자는 공 네 개를 연달아 받아내고, 다시 공중으로 던진다. 공들은 마치 스스로 돌아오고 싶어하는 듯 그의 손에 정확히 떨어진다. 공 네 개가 행성처럼 그의 주위를 돌고, 불꽃처럼 서로를 쫓는가 하면, 유성처럼 하늘로 솟구치기도 한다. 등 뒤로 던진 공은 그의 목을 리본처럼, 혹은 뱀처럼 휘감는다. 도저히 불가능해 보이는 일을 믿기지 않을 만큼 자연스럽고 우아하게, 아무렇지도 않게 해낸다. 그는 반짝이는 공과 장난치듯 웃으며 놀고, 시선이 공을 따라가며 마치 눈빛 하나로 공을 홀리는 듯하다. 혹은 음악에 맞춰 공이 정확히 박자를 맞추는지 지켜보는 사람처럼 보인다. 이 모든 것을 보고도 감탄하지 않는다면 평생 어떤 것도 진심으로 감탄해 본 적이 없는 사람일 것이다. 저글링은 어려움을 뛰어넘는 기술이자 그 기술을 압도하는 아름다움이다. 일단 그 어려움을 극복하고 나면 자연스럽게 유연함과 우아함으로 바뀌는 듯하다. 애쓰는 기색조차 없이 해내야만 진정으로 성공했다 할 수 있을 것이다. 아주 작은 어색함이나 유연성의 부족, 또는 침착함이 흐트러지기만 해도 모든 흐름이 깨져 버린다. 이 기술은 마치 마법 같기도 하고 동시에 아이들의 놀이처럼 보이기도 한다.

이마에 나무 모형을 세워 놓고 가지에 앉은 새 모형을 가느다란 관으로 불어 한 마리씩 쏘아 떨어뜨리는 묘기도 충분히 신기하고 놀랍지만, 황동 공을 저글링하는 기술만큼 우아하거나 자연스럽지는 않다. 새를 떨어뜨리는 묘기를 볼 때는 결과가 어떻게 될지 몰라 조마조마하고 끝이

나야 안도하게 되지만, 앞선 저글링처럼 순수한 즐거움을 주지는 못한다. 나는 어떤 공연이 단지 놀랍기만 하고 즐겁지 않다면 큰 가치를 두지 않는다. 개인적인 생각이지만, 칼 삼키기 같은 묘기는 금지되어야 마땅하다. 그것은 기술이라기보다 위험을 향한 무모한 도전이며, 경이로움보다는 불안감과 불쾌함을 남긴다. 예전에 본 공연에서는 이 인도인 곡예사가 칼 삼키기를 펼치면서 동시에 발가락

인도인 곡예사

에 큰 고리를 걸고 돌렸는데, 마치 고리들이 스스로 알아서 돌아가는 것만 같았다.

의회에서 의원이나 귀족의 느릿느릿 더듬거리는 연설을 들어도, 그 내용이 빤하고 누구나 따라할 수 있는 수준이어서 나 스스로에 대한 자부심이 흔들리지는 않는다. 하지만 인도인 곡예사의 공연을 보면 나는 부끄러워진다. 그들의 몸짓 하나, 손끝의 정교함, 공중을 가르는 궤적은 내 자존심을 송두리째 흔든다. 나는 스스로에게 묻는다. 내가 이 곡예사들처럼 잘할 수 있는 게 과연 있을까? 아무것도 없다. 나는 내 삶을 되돌아본다. 나는 무엇을 해낸 걸까? 게으르게 살아온 걸까? 아니면 열심히 살아왔는데도 아무것도 보여 줄 게 없는 걸까? 혹시 나는 그저 말만 쏟아내며 빈 체에 물 붓듯 살아온 건 아닐까? 바위를 언덕 위로 밀어 올렸다가 다시 굴러 떨어뜨리는 일을 반복하거나, 사실을 무시한 채 억지로 논리를 세우려 하거나, 어둠 속에서 원인을 찾으려 애쓰다 결국 아무것도 발견하지 못한 건 아닐까? 내가 남들과 경쟁할 수 있는 분야가 단 하나라도 있을까? 흠잡을 데 없이 완벽하게 해낸 게 있을까? 내가 할 수 있는 최대치는 그 곡예사가 해낸 일을 글로 묘사하는 것뿐이다. 나는 책을 쓸 수 있다. 하지만 철자도 제대로 모르는 사람들조차 책을 쓰는 세상이다. 내가 쓴 에세이들은 곡예사의 완벽성에 미치지 못한다. 실수투성이에, 연결도 어색하고, 논리는 뒤틀려 있고, 결론은 빈약하다. 겨우 써낸 게 이 정도이고, 이마저도 형편없다. 그나마 이게 내가 할 수 있는 최대치다.

나는 어떤 주제에 대해서든 지금까지 보고 느낀 모든 것을 떠올려서 최대한 정확하게 표현하려고 노력한다. 곡예사가 저글링을 하듯 네 개의 주제를 동시에 다루는 건 무리다. 하나의 이야기 흐름을 명확하게 유지하는 것만도 나로선 벅찬 일이다. 내게는 생각을 고치거나 문장을 다듬을 시간도 있지만, 생각은 고칠 수 없고, 문장은 일부러 다듬지 않는다.

그리고 나는 논쟁을 좋아하지만, 아무리 노력하고 연습을 해도 상대를 이기기란 쉽지 않다. 상대가 별로 뛰어나지 않아도 말이다. 평범한 검객이라도 상대가 자신과 같은 수준이 아니라면 눈 깜짝할 사이에 그를 무장 해제시킬 수 있다. 때때로 재치 있는 말 한마디가 그런 효과를 낼 때도 있지만, 이성과 논리에는 그런 압도적인 힘이나 우월함이 없다. 그래서 진짜 고수와 뻔뻔한 사기꾼, 혹은 멍청한 자를 구분하기가 어렵다.[1] 말의 칼날은 종종 흐릿하고 진실은 논쟁 속에서 쉽게 가려진다.

나는 늘 지적 작업은 효과도 적고 진전도 느리다는 생각을 해왔고, 그게 조금 불만스러웠다. 오래전 나는 리셰라는 유명한 줄타기 공연자를 새들러스 웰스[2]에서 본 적이 있다. 그는 기술적으로 완벽했을 뿐 아니라, 놀랍도록 능숙했고 그의 우아함은 자연스럽고 꾸밈이 없었다. 리셰의 줄타기는 예술이었고, 동시에 인간 능력의 정점이었다. 그 무렵 나는 조슈아 레이놀즈 경의 초상화를 모사하는 일을 하고 있었는데, 그 줄타기 공연을 보고 나니 내 그림이 너

---

[1] 유명한 피터 핀다르(월콧 박사)는 고(故) 오피 씨의 재능을 처음 발견하고 세상에 알린 인물이었다. 오피는 가난한 콘월 출신 소년으로, 시인이 그를 찾아갔을 당시 들판에서 일하고 있었다. "자네 최고의 그림을 하나 가져올 수 있겠나?" 소년은 번개처럼 달려가 자신이 걸작이라 여기는 그림을 들고 돌아왔다. 낯선 방문자는 그 그림을 한참 바라보았고, 아무런 반응이 없자 소년은 참지 못하고 다급히 물었다. "어떻게 생각하세요?" 그러자 월콧이 말했다. "생각? 나는 자네가 더 잘할 수 있으면서 이 정도밖에 못 그렸다는 걸 부끄러워해야 한다고 생각하네!" 오피 씨의 초기작에 대한 이 평가는 그의 최근 작품에도 그대로 적용될 수 있을 것이다. (원주)

[2] 새들러스 웰스(Sadler's Wells)는 런던에서 가장 오래된 극장 중 하나로 1683년에 문을 열었다. 처음에는 '치유의 샘물'로 유명한 장소였고, 이후에는 서커스, 줄타기, 오페라, 무용 등 다양한 공연이 펼쳐지는 문화 공간으로 발전했다. 해즐릿의 『혐오의 즐거움에 관하여』에서도 언급되다시피 1804년에는 무대 아래에 물탱크를 설치해 배가 떠다니는 수중극(aquatic drama)도 선보였다.

무 형편없게 느껴졌다. 이 부분은 얼마나 어설프게 그려졌는가! 또 저 부분은 얼마나 투박하고 지저분하게 칠해졌는가! 나는 이렇게 생각하지 않을 수 없었다. "만약 그 줄타기 곡예사가 이런 식으로 실수도 많이 하고 결함 있는 묘기를 부렸다면, 그는 벌써 목이 부러졌을 거야. 난 그 팽팽한 신경의 탄력성과 정밀한 움직임을 볼 수 없었겠지."

그렇다면 줄 위에서 춤추는 일이 지적 작업보다 쉬운 일일까? 그렇게 생각하는 사람은 직접 줄타기를 해보라. 중요한 건 바로 이 지점이다. 즉 처음에는 전혀 할 수 없던 일을 결국에는 완벽하게 해내는 것. 조금 더 설명하자면, 육체적 기술이라는 건 어떤 특정한 동작 하나를 반복해서 연습하는 것이고, 성공했는지 실패했는지를 명확히 알 수 있으며, 완벽함이란 바로 그 정해진 동작을 정확히 해내는 데 있다. 기술은 반복 속에서 자라고, 불가능은 연습 속에서 무너진다. 기계적 숙련은 반복을 통해 반드시 향상된다. 왜냐하면 그 목표는 취향이나 의견 같은 주관적인 것이 아니라, 실제 실험을 통해 성공 여부가 명확히 드러나는 것이기 때문이다. 예를 들어, 활을 쏘는 사람은 과녁을 맞히거나 놓치거나 둘 중 하나다. 계속 빗나가면서도 "나는 나아지고 있어"라고 착각할 수는 없다. 여기에는 옳고 그름, 진실과 거짓 사이의 구분이 분명하다. 그는 자신의 실수를 바로잡거나, 실수를 알면서도 계속 반복할 수밖에 없다. 실수에 대한 변명도, 그럴 유혹도 없다. 줄 위에서 춤을 배우는 사람도 마찬가지다. 집중하지 않으면 목이 부러질 수도 있다. 그렇게 된 뒤에는 "나는 헛디디지 않았다"고 주장해봤자 아무 소용이 없다. 그의 상황은 골드스미스가 묘사한 현학자처럼 모호하지 않다.

> 그들은 논쟁에서 그의 놀라운 기량을 인정했으며
> 그는 패배한 뒤에도 계속 논쟁을 이어갔다.[3]

줄타기에는 그럴 여지가 없다. 즉 논리로 추락을 부정할 수 없고, 말로 균형을 되찾을 수 없다. 오직 정확한 동작만이 줄 위에 설 수 있게 한다. 기계적 기술은 결과를 요구하지만, 지적 노력은 끝없는 논쟁과 의견 뒤에 숨어 버릴 수 있다.

위험은 훌륭한 스승이며, 사람을 빠르게 학습시킨다. 수치, 패배, 즉각적인 조롱과 웃음도 마찬가지다. 이런 상황에서는 스스로를 속일 여지도 없고, 시간을 낭비할 틈도 없으며, 방심했다가는 대가를 치러야 한다. 유머나 변덕, 편견이 끼어들 틈도 없다. 만약 인도인 곡예사가 칼 세 개를 공중에 던져 마치 크로커스 꽃잎 모양으로 띄우는 묘기

---

[3] 올리버 골드스미스의 시구로, 논리적 패배조차 인정하지 않는 현학자의 끈질긴 태도를 유머러스하게 표현했다.

인도인 곡예사

를 펼칠 때 장난스럽게 하려다간 손가락이 베일 것이다. 반면에 나는 형편없는 문장을 써도 손가락이 베이지 않는다. 글쓰기와 문체의 감각은 날이 선 도구보다 훨씬 더 모호하다. 실수해도 피는 나지 않는다. 그만큼 완벽을 추구하는 긴장감도 덜하다. 그 인도인 곡예사는 화려하고 경건한 축제일에 크리슈나 신상을 태운 거대한 수레 바퀴 아래로 몸을 던지면 바로 천국행이라는 말을 믿었을지도 모른다. 그리고 아무도 그 말이 틀렸다고 증명할 수는 없을 것이다. 브라만 사제들은 천국이라는 주제에 대해 하고 싶은 말을 마음껏 할 수 있다. 끝없는 교리와 신비를 만들어 내도 아무도 그들을 반박하거나 검증하지 못한다. 하지만 재

인도인 곡예사

 간이 많은 그 인도인 곡예사는 올림픽 극장[4]의 관객들에게 놀라운 묘기를 보여 준다는 주장을 실제로 증명하지 않고는 믿게 만들 수 없다.

 이런 종류의 육체적 기술에는 두 가지가 필수적이다. 첫째는, 반복을 통해 근육이 특정한 힘의 사용에 점차 익숙해지는 것이다. 둘째는, 아직 부족한 부분이 무엇인지 정확히 알고 그것을 보완하는 능력이다. 이 기술을 시험하는 가장 확실한 방법은 작업의 난이도를 높여도 여전히 정확하게 해낼 수 있는지를 보는 것이다. 근육은 습관의 명령에 따라 본능적으로 움직인다. 손과 눈의 특정한 움직임과 감각이 무수히 반복되면 의식하지 않아도 서로 밀접하

---

4 1806년 개관한 극장으로 주로 희극이 공연되었다. 1904년에 런던의 지역 개발 사업으로 다른 극장들과 함께 철거되었다

게 연결된다. 팔다리는 그저 움직이기만 해도 정해진 궤도를 따라 정확하고 쉽게 바뀌고, 의지의 단순한 작용만으로도 마치 기계의 스위치를 누르듯 정확하게 작동한다. 결국 『아이반호』의 록슬리[5]처럼 활을 쏠 때 '바람의 흐름까지 감안할 줄 아는' 경지에 이르게 된다. 그것은 훈련된 본능이며 반복이 만든 예술이다.

기계적 숙련에서 말하는 완벽함이란 어떤 동작을 일정한 정확도로 반복해서 수행하는 것이다. 즉 자신이 할 수 있는 데까지만 시도하는 것이다. 그 한계는 스스로 정할 수 있기 때문에 인간의 노력과 기술로 도달 가능한 수준이다. 여기엔 추상적이거나 절대적인 기준은 없다. 오직 자신의 능력만이 기준이다. 예를 들어 네 개의 황동 공을 공중에 띄우는 사람은 자신의 능력 안에서 완벽하게 해내는 것이다. 하지만 공 다섯 개를 동시에 시도하면 매번 실패할 것이다. 기계적인 기술의 목표란 타인의 성과를 따라잡는 게 아니라, 어제의 나보다 나아지는 것이다.

예술은 다르다. 예술가는 다른 존재를 모방하거나, 자연이 이미 해낸 일을 재현하려 한다. 그런데 이 작업이 훨씬 더 어려운 일이다. 다시 말해 자연이 우리 앞에 펼쳐놓은 것, 예를 들어 '신성한 인간의 얼굴'을 흠 없이 완벽하게

---

5   뛰어난 궁술과 정의로운 성격을 지닌 로빈 후드는 '록슬리의 로빈'이라고도 불렸다.

그려내는 일은 황동 공 네 개를 공중에 띄우는 것보다도 어렵다. 왜냐하면 저글링은 인간의 기술과 노력으로 가능한 일이지만, 자연을 완벽하게 재현하는 일은 과거에도 없었고 앞으로도 없을 것이기 때문이다. 결론을 말하자면 나는 줄타기 곡예사 리세보다 화가 레이놀즈를 더 존경한다. 줄타기를 잘하는 사람은 세상에 많지만, 레이놀즈처럼 그림을 그릴 수 있는 사람은 드물기 때문이다. 물론 기술적으로 보면 리세가 더 능숙하고, 레이놀즈는 그에 비해 서툴렀을 수도 있다. 하지만 레이놀즈는 훨씬 더 어려운 대상, 즉 변덕스럽고 모호한 '자연'이라는 스승을 따라야 했고, 그 지시를 실천하는 것은 훨씬 더 어려운 일이었다.

건강한 몸과 폐를 가진 아이를 데려다가 공중제비 곡예사나 줄타기 공연자의 도제로 삼아도 성공 가능성이 꽤 크다. 반복과 훈련을 통해 일정한 수준까지 도달할 수 있기 때문이다. 하지만 같은 방식으로 화가를 키울 수는 없다. 확률로 따지면 백만 분의 일도 안 된다. 아무리 많은 아이들을 미술 교육이라는 기계에 넣어도, 헤이든[6] 같은 평범한 화가들은 나올지 몰라도 조슈아 레이놀즈 같은 인물은 단 한 명도 나오지 않는다. 그의 우아함, 장엄함, 절제된

---

6 벤저민 헤이든은 19세기 영국의 역사화가로, 야망은 컸지만 평생 인정받지 못하다가 결국 자살로 삶을 마감했다. 해즐릿은 그를 노력에 비해 예술적 영감은 부족했던 예술가의 상징으로 언급한다.

감각, 그리고 '음색과 몸짓에 깃든' 미묘한 표현력은 레이놀즈 자체를 다시 만들어 내지 않는 한 재현할 수 없다. 기술의 손이 닿지 않는 그 우아함을 붙잡는 것, 그것이야말로 예술의 정점이며, 미술이 시작되는 지점이자 기계적 기술이 끝나는 자리다. 영혼의 부드러운 스밈, 말없는 숨결의 웅변, 하늘과 교감하는 듯한 눈빛, 끊임없이 변신하는 영원한 진리의 형상들. 이 모든 것은 찰나에 지나가지만 마음속에는 영원히 남는다. 그리고 이것은 오직 강렬하고 은밀한 공감으로 지나가는 순간을 붙잡을 때만 얻을 수 있다. 이런 감각은 규칙이나 공부로 배울 수 있는 게 아니라 자연과 천재성에 의해 길러지며, 분석이나 관찰이 아니라 느낌에서 비롯된다. 외부에서 찾으려 하면 내면의 조화로운 실마리를 잃게 되고, 실체를 붙잡으려 애쓰는 순간 예술의 정신은 증발해 버린다. 요컨대 순수 미술의 대상은 단순히 눈에 보이는 것이 아니라, 미적 감각과 상상력의 대상이다. 그렇기에 그것은 인간의 가슴 속 아름다움과 기쁨과 힘에 대한 감각에 호소하고 그 섬세한 감각에 의해 해석되며, 결과적으로 그 대상의 내면의 구조를 통해 다시 시각적으로 드러난다.

자연 또한 하나의 언어다. 자연의 사물은 단어처럼 의미를 지니고 있고, 진정한 미술가는 그 언어를 해석하는 사람이다. 그는 수천 가지 사물과 수천 가지 상황에 그 의미를 적용할 줄 알아야만 한다. 그래서 눈은 그 자체로는 너무나 불완전한 안내자다. 즉 푸른 하늘의 따뜻함과 차가움을 구별하기엔 역부족이어서 그것을 바로잡아 주는 또 다른 내면의 감각이 필요한 것이다. 낙엽도 마찬가지다. 그 색은 낙엽이 불러일으키는 감정 없이는 아무 의미가 없다. 바로 그 감정이 캔버스 위에 낙엽을 새긴다. 빛바래고, 바람에 시달리고, 겨울의 추위 앞에서 말라가는 모습으로. 그리고 그 감정이야말로 시각을 촉각만큼 진실하게 만들어 준다.

> 시인의 눈이 말하듯, 환상은
> 낙엽마다 달라붙고, 가지마다 매달린다.[7]

예술의 가장 섬세하고 고귀한 속성은 자연을 감정과 열정의 렌즈를 통해 바라보는 것이다. 그 순간 세상의 모든 사물은 단순한 대상이 아니라, 우리의 애정과 기억을 상징하는 기호가 되고, 끝없이 이어지는 존재의 사슬 속 하나의 연결 고리가 된다. 하지만 이처럼 복잡미묘한 감정과

---

[7] 영국 시인 토머스 그레이가 1736년 8월 친구 호레이스 월폴에게 보낸 편지에 나오는 구절이다. 해즐릿이 예술은 단순히 보이는 것을 재현하는 것이 아니라, 그 안에 깃든 감정과 영혼을 포착하는 것이라고 말하기 위한 인용이다.

인도인 곡예사

사유의 그물망을 풀어내는 능력은 오직 뮤즈의 선물, 즉 예술가에게만 주어진 특별한 감수성에서 비롯된다. 이 감수성은 끊임없이 변화하는 인상들에 민감하게 반응하며, "신경 하나하나를 악기처럼 울리고, 선을 따라 생명을 불어넣는"[8] 예술의 진동이자 감정의 숨결이다.

예술에서 '천재성', '상상력', '감정', '취향'이라 불리는 이 힘은, 그 작용 방식이 과학처럼 추상적인 규칙으로 정의될 수도 없고 기계적 기술처럼 반복적인 시도를 통해 검증될 수도 없다. 네덜란드 화가들이 색채와 붓질에서 보여 준 기계적 완성도는 순수 미술에서 기술적 숙련이 가장 완벽에 가까이 다가간 사례라 할 수 있다. 그들이 만들어 낸 생생한 효과와 그것을 구현하는 능숙함은 모두 놀라울 만큼 뛰어나다. 하지만 이러한 기술은 예술의 본질적인 감수성, 즉 마음을 울리는 떨림과 직관과는 다른 차원에 있다. 예술은 단순히 잘 그리는 것이 아니라, 보이지 않는 것을 느끼고, 그것을 표현하는 능력에서 비롯된다. 일정한 수준까지는 모든 요소가 흠잡을 데 없다. 손과 눈은 제 역할을 다 했고 기술적인 결함은 없다. 부족한 것은 오직 '취향'과 '천

---

8 이 구절은 조지프 애디슨이 존 밀턴의 장엄한 문체를 모방한 실험적 작품에서 유래한 것으로 보인다. 해즐릿은 이 구절을 인용하여 예술적 감동이 육체적 떨림으로 이어지는 순간을 강조한다. 예술이란 살아 있는 감정의 흐름이고, 이 감정은 그림의 선 하나하나에 생명을 불어넣으며, 그래야만 진정한 예술이 된다는 해즐릿의 철학을 압축한다.

재성'이다. 마법 같은 예술의 영역에 발을 들여놓는 순간, 인간의 정신은 낯선 길을 걷는 듯 흔들리고 지치기 시작한다. 짙은 안개 속에서 길을 잃은 듯, 수많은 시도와 실패 속에서도 좀처럼 앞으로 나아가지 못한다. 결국 가장 뛰어난 이조차도 겨우 반쯤의 성공만을 거두고 그곳을 빠져나올 뿐이다. 정의되지 않은 것들과 상상의 영역은 우리가 반드시 지나가야 할 길이지만, 그 여정은 마치 『실낙원』의 사탄처럼 '반쯤 날고, 반쯤 걷는' 듯한 상태로 헤매야 하기 때문이다. 감각으로 인식되는 대상은 분명한 실체이며, 그것을 표현하는 기술은 연습을 통해서 익힐 수 있다. 하지만 그 너머의 세계, 즉 보이지 않는 감정, 형체 없는 아름다움, 정의할 수 없는 상상력의 영역은 오직 감수성과 천재성으로만 접근할 수 있는 것이다.

천재성과는 비교되는 인간의 능력으로 영리함과 교양적 소양을 들 수 있다. 영리함이란 특정한 일을 해내는 능숙함이나 재능을 뜻하며, 이는 끈기나 힘보다는 재빠른 손놀림과 즉각적인 반응력에 더 의존한다. 예를 들어 말장난을 하거나 재치 있는 경구를 만들어 내는 것, 즉흥적으로 시를 짓는 것, 사람들의 행동을 흉내내거나 특정한 문체를 모방하는 것 등이 이에 해당한다. 또한 영리함은 활기차고 똑똑한 기질이기도 하고, 손재주에 가까운 능력이나 시계의 작동 원리를 아는 것이기도 하다. 교양이란 다른 사람에게 배워 익힐 수 있는 외적인 세련됨이며, 보는 사람의 눈에 쉽게 돋보이는 우아한 재능이다. 예를 들어 춤, 승마, 펜싱, 음악 같은 것들이 이에 해당한다. 이런 장식적인 능력은 마음과 형편이 여유로운 사람에게 어울리는 것이다.

내가 아는 한 남자는, 만약 그가 부유한 집에서 태어났더라면 그 시대 가장 세련되고 교양 있는 신사로 손꼽혔을 것이다. 그는 자신이 속한 사회의 기쁨이자 질투의 대상이 되었을 것이며, 그의 품위 있는 태도는 마음에서 우러나는 관대함을 더욱 빛나게 했을 것이다. 여자들과는 웃으며 대화를 나누고, 남자들과는 논쟁을 벌이고, 듣기 좋은 말을 하고, 읽기 좋은 글을 쓰고, 카드놀이에도 능하고, 하프시코드의 리드도 잡으며, 자신이 지은 가벼운 시를 부드럽고 생기 있게 낭송했을 것이다. 아마도 그는 악습이 없는 로체스터,[9] 현대판 서리 경[10]이 되었을지도 모른다. 하지만 현실은 그에게 불리하게 작용한다. 그가 지닌 모든 뛰어난 자질이 오히려 그의 앞길을 가로막는다. 그는 하나의 전문직을 추구하기엔 너무 다재다능하다. 정치판의 머슴[11]이 되기엔 너무 활력이 넘치고 상상력이 풍부하며, 또한 너무

---

9 17세기 시인 존 윌모트는 재치와 감성의 대명사였지만, 방탕한 삶으로도 유명했다. 해즐릿은 여기서 그의 재능만을 계승한 이상적 인물을 상상한다.
10 영국 튜더 왕조 시대의 시인이자 기사이며 우아함과 시적 감수성의 상징이다.
11 "정치판의 머슴(political drudge)"은 정치에 종사하는 사람 중에서도 지루하고 반복적인 일을 묵묵히 수행하는 인물을 뜻한다.

쾌활해서 진정한 행복을 누리지 못한다.[12] 그는 시인의 열정, 산문 작가에게 필요한 철저한 논리적 표현, 현실적인 사람의 꾸준한 실행력을 모두 갖추고 싶어한다.

하지만 재능은 천재성과 다르다. 마치 스스로 조절할 수 있는 힘과 저절로 솟아나는 힘이 다른 것처럼. 재간은 사소한 일에서 발휘되는 천재성이고, 위대함은 아주 중요한 일에서 나타나는 천재성이다. 영리하거나 재간이 있는 사람은 어떤 일이든 잘 해내지만, 그 일이 가치 있는지 아닌지는 그에게 중요하지 않다. 반면 위대한 사람은 진정 중요한 일을 해내는 사람이다. 예컨대 작은 도시를 위대한 도시로 바꾸는 것처럼.

위대함이란 위대한 힘이 위대한 결과를 낳는 것이다. 단지 어떤 사람이 내면에 큰 힘을 지녔다고 해서 그가 위대한 존재가 되는 것은 아니다. 그 힘은 세상 앞에 드러나야 하며, 누구도 부정하거나 외면할 수 없을 방식으로 공공의 인식 속에 자리잡아야 한다. 나는 위대함을 오직 이 이중적 정의로 이해한다. 즉 내면의 강력한 에너지에서 비롯된 눈에 띄는 위대한 결과로 말이다. 물리적인 영역의 '위대함'은 공간을 압도하는 크기와 관련이 있고, 정신적인 영역에서의 '위대함'은 시간과 공간을 넘나드는 영향력과

---

12 겉으로는 즐겁고 가벼운 삶을 사는 것처럼 보여도, 그 경쾌함이 오히려 진정한 행복을 방해한다는 역설적인 표현이다.

관련이 있다. 한 시대에만 위대한 사람은 진정으로 위대한 사람이 아니다. 위대함의 진정한 시험대는 역사의 기록일 것이다. 무엇이든 명확한 경계가 있거나, 그보다 더 위대한 것에 쉽게 비교될 수 있다면, 그것은 결코 위대하다고 말할 수 없다. 게다가 잠깐의 명성과 과잉된 주목으로 만들어진 위대함은 그 자체로 천박하고 속된 성질을 지닌다. 예를 들어 런던 시장 같은 직책은 사회적 지위는 높을지 몰라도, 진정한 의미의 위대함과는 거리가 멀다.

당대의 웅변가나 애국자는 자신의 바람을 이루었을 때 오히려 그것이 진정한 야망과 얼마나 거리가 먼지 드러낼 뿐이다. 인기란 명성도 아니고 위대함도 아니다. 왕이라고 해서 위대한 인물인 것도 아니다. 그가 지닌 막강한 권력은 그의 고유한 힘이 아니다. 그는 단지 국가라는 지렛대를 움직일 뿐이며, 그것은 아이든 바보든 광인이든 누구나 할 수 있는 일이다. 우리가 바라보는 것은 그 사람 자체가 아니라 그가 앉아 있는 자리다. 같은 자리에 앉은 다른 누구라도 똑같이 호기심의 대상이 되었을 것이다. 우리는 시골 소녀가 왕을 보고 실망하며 "그저 사람이잖아요!"라고 말한 것을 웃음거리로 삼는다. 하지만 그 사실을 알면서도, 우리는 왕을 보기 위해 달려간다. 마치 그가 단순한 인간 이상의 존재라도 되는 것처럼. 가장 강력한 능력을 지녔다 해도 그것이 위대한 목적에 쓰이지 않는다면 그 사람을 위대하다고 말할 수는 없다. 보리 알갱이를 바늘귀에 던져 넣거나, 아홉 자리 숫자를 머릿속에서 곱셈하는 일은 분명 신체적 기민함과 정신적 능력을 보여 준다. 하지만 그 어떤 것도 실질적인 결과로 이어지지는 않는다. 놀라운 힘이 작동하고 있음에도 효과는 그것에 걸맞지 않거나 상상력을 사로잡을 만큼 강렬하지 않다. 다시 말해서 사람들에게 '힘'이라는 개념을 각인시키려면, 사람들이 그것을 실제로 느낄 수 있게 만들어야 한다. 즉 사람들의 지식을 넓히는 형태로 전달되거나, 그들의 의지를 압도하고 굴복시키는 방식으로 나타나야 한다. 누군가에 대한 진정한 존경은 피할 수 없는 증거 위에 세워질 때에만 견고하고 오래 지속된다. 그것은 가볍게 주어지는 감정도, 자발적인 선물도 아니다.

고난이도의 수학 문제를 해결하는 수학자와 이전에는 존재하지 않았던 아름다움의 이미지를 창조해내는 시인은 타인에게 지식과 힘을 전달한다. 바로 그 전달된 영향력 속에 그의 위대함과 명성이 깃들며 그의 존재를 떠받친다. 제더다이어 벅스턴은 잊혀질 것이다. 하지만 네이피어가 발명한 계산봉은 살아남을 것이다. 입법자, 철학자, 종교의 창시자, 정복자와 영웅, 발명가와 예술 및 과학 분야의 천재들은 모두 위대한 인물이다. 그들은 인류에게 커다란 혜택을 주는 공공의 은인이거나 인류를 위협하는 두려운 존재들이기 때문이다. 우리 사회에서도 셰익스피어, 뉴턴, 베이컨, 밀턴, 크롬웰은 위대한 인물이었다. 이들은 행동과 사상으로 강력한 힘을 보여 주었고, 그 흔적은 아직까지도 잊히지 않았다. 이 인물들은 반드시 높은 정신적 키를 지닌 사람들이어야 했으며, 그들의 그림자는 먼 미래까지 길게 드리워진다. 훌륭한 희극 작가도 위대한 인물일 수 있다. 몰리에르는 단지 희극 작가였지만 위대한 인물이었다. 내 생각에『돈키호테』의 작가도 위대한 인물이었다. 이런 사람들은 역사 속에 여럿 있었다.

하지만 뛰어난 체스 선수는 위대한 인물이 아니다. 그는 그 행위로 세상을 바꾸지 않기 때문이다. 단순한 개인적 성취는 결코 위대함이라 부르기 어렵다. 이는 모든 힘의 과시나 기술의 시험에도 적용된다. 그것이 그저 개인적인 노력의 결과에 그치고, 그 자체로는 세상에 지속적인 흔적을 남기지 못한다면 말이다. 그렇다면 배우는 "죽고 나면 세상에 아무런 흔적도 남기지 않으니" 위대한 인물일 수 없지 않은가? 하지만 시던스 부인[13]만큼은 예외로 인정해야겠다. 그녀에 한해서라면 내가 정의한 위대함의 기준을 포기해야 할지도 모르겠다.

---

13 해즐릿은 시던스 부인의 연기가 비극 그 자체를 구현한 예술적 위대함이었다고 생각했다. 해즐릿에게 그녀는 단순한 공연자가 아니라 예술적 유산을 남긴 인물이었으며 "흔적을 남기지 않는다"(셰익스피어『십이야』I. v.)는 기준을 뛰어넘는 존재였다.

어떤 사람이 자기 분야에서 최고에 올랐다고 해서 그가 반드시 위대한 인물이라 할 수는 없다. 그는 자기 방식대로 훌륭할 수는 있지만, 그것뿐이다. 그가 위대한 지성의 흔적을 보여 주지 않는다면, 우리가 그의 정신의 원천을 따라가며 공감할 수 없다면, 그것은 단지 기술이나 비밀스러운 솜씨에 불과하다. 존 헌터[14]는 위대한 인물이었다. 외과에 대해 아무런 지식이 없는 사람이라도 그 사실을 알아볼 수 있었다. 그의 행동 방식과 태도 자체가 그의 사람됨을 드러냈다. 그는 고래의 사체를 해부할 때조차 마치 미켈란젤로가 대리석을 조각하듯이 위대한 열정으로 임했다. 또한 해군 지휘관인 넬슨 경도 위대했다. (하지만 개인적으로 항해라는 삶에 큰 매력을 느끼지는 않습니다.)

험프리 데이비 경은 훌륭한 화학자일지 몰라도, 나는 그가 진정으로 위대한 인물인지는 확신할 수 없다. 그의 어떤 발견도 나를 더 현명하게 만들지 않았고, 그런 영향을 받았다고 말하는 사람도 만나본 적이 없다. 진정한 위대함은 고립된 순간이나 단일한 행위에 머무르지 않는다. 그것은 스스로를 드러내고 확장하며 주변에 영향을 미친다. 마치 하나의 물결이 다른 물결을 밀어내고, 하나의 원이 또 다른 원을 만들어내듯이. 자기 과시에만 몰두하는 사람은

---

14 John Hunter(1728-1793), 영국의 외과의사. 병리 해부학의 창시자.

결코 위대할 수 없다. 진정으로 위대한 사람은 언제나 자신보다 더 큰 어떤 것을 마음속에 품고 있다. 나는 종종 논쟁적 글을 쓰는 이들에게 최고의 찬사가 "그 시대에는 꽤 괜찮은 인물이었지"라는 것에 불과하는 말을 들어왔다. 하지만 새로운 해석이 이전의 권위를 무너뜨리고 "위대한 학자의 기억도 길어야 반세기 정도만 살아남는다."[15]

한편, 부자라고 해서 반드시 위대한 사람인 것은 아니다. 그는 오직 자신에게 의존하는 사람들과 그의 재산을 관리하는 집사에게만 위대한 존재일 뿐이다. 한편 귀족은 그의 혈통에 대한 우리의 관념 속에서 위대한 인물이다. 우리가 그의 작위 외에 그 사람에 대해 아무것도 모른다면 그를 위대한 인물로 여길지 모른다. 이는 그의 조상이 대단했을 것이라는 막연한 인식에서 비롯되며, 그 자신에 대해서도 마찬가지의 인상을 갖게 되는 것이다. 나는 두 명의 주교에 대한 이야기를 들은 적이 있다. 한 주교는 로마의 성 베드로 대성당에 처음 들어서는 순간 경외심을 느꼈다가 제단 쪽으로 걸어가면서 자신의 마음이 점점 부풀어 오르더니, 마침내 그 웅장한 건물을 가득 채우는 듯한 느낌을 받았다고 했다. 다른 한 주교는 안으로 들어갈수록 자신이 점점 작아지는 듯하다가 결국에는 완전히 사라져

---

15 셰익스피어 『햄릿』 III. ii. 117. "위대한 인물은 사후 반년은 기억되리라고 기대할 수 있지만."

버리는 것 같았다고 말했다. 이 이야기는 어떤 면에서 위대한 정신과 작은 정신의 생생한 대비를 보여준다. 위대함은 위대함과 공감하고, 작음은 안으로 움츠러든다. 한 사람은 울지[16] 같은 인물이 되었을 수도 있었고, 다른 한 사람은 탁발 수도사 정도가 어울렸을 텐데 주교가 되었다니 거기에는 궁정의 정치적 이유가 있었을지도 모른다. 나는 프랑스인들에게서 어딘가 좁은 시야를 느끼지만, 그들은 모든 나라가 공유할 수 있는 세 명의 위대한 인물인 몰리에르, 라블레, 몽테뉴를 배출했다. 그들의 작품과 사상은 국경을 넘어, 시대를 넘어, 인간 정신의 깊이를 드러낸다.

이제 여담을 그만두고 한 인물을 소개하며 에세이를 끝맺고자 한다. 특출한 손재주를 보여 준 인물로, 나도 여러 차례 직접 본 적이 있는 고(故) 존 캐버나다. 그의 죽음은 당시 《이그재미너》 1819년 2월 7일자 기사에서 진지함과 농담 사이의 어조로 다뤄졌다. 하지만 그 기사는 이 글의 주제와 잘 맞고 나의 관점과도 일치하므로 다음과 같이 인용한다.

---

16 울지(Wolsey)는 16세기 영국에서 강력한 영향력을 행사하던 추기경이자 정치가로, 야망과 영향력의 상징이다.

유명 파이브스[17] 선수 존 캐버나,
세인트 자일스의 버비지 스트리트 자택에서 사망.

세상에서 수많은 사람들이 잘해보려 애쓰는 어떤 한 가지 일을 그 누구보다도 뛰어나게 해내던 사람이 세상을 떠나면 사회에는 하나의 공백이 생긴다. 앞으로 오랫동안 파이브스 경기가 완벽하게 펼쳐지는 모습을 다시 보기는 어려울 것이다. 존 캐버나가 세상을 떠났고, 그와 견줄 만한 인물은 남지 않았기 때문이다.

혹자는 벽에 공을 치는 일보다 더 중요한 일이 있다고 말할지도 모른다. 실제로 세상에는 더 큰 소음을 내면서도 별다른 유익을 남기지 않는 일들이 많다. 예컨대 전쟁과 평화를 만드는 일, 연설을 하고 그에 답하는 일, 시를 쓰고 지우는 일, 돈을 벌고 낭비하는 일 같은 것들이다. 하지만 파이브스라는 경기를 한 번이라도 해본 사람이라면 누구

---

17 '파이브스(fives)'는 중세 유럽의 '핸드볼(handball)'에서 유래한 경기로, 특히 영국에서는 교회 벽이나 학교 건물 벽을 활용해 자연스럽게 발전했다. 'fives'라는 이름은 손가락 다섯 개를 뜻하는 'a bunch of fives'에서 유래했다는 설이 있다. 즉 맨손으로 공을 치는 경기라는 의미다. 17-18세기 영국에서 학생들과 일반인들이 교회 벽이나 마당에서 즉흥적으로 즐기던 놀이였다. 이후 이튼(Eton), 럭비(Rugby), 윈체스터(Winchester) 등 명문 학교들이 자체적인 코트를 만들며 공식화되었고, 각 학교의 코트 구조에 따라 Eton Fives, Rugby Fives 등 다양한 변형이 생겼다. 스쿼시는 파이브스와 라켓볼의 영향을 받아 탄생했다. 시간순으로는 다음과 같다. 프랑스 전통 핸드볼인 죄드폼(Jeu de Paume) → 파이브스(fives) → 라켓볼(rackets) → 스쿼시(squash).

인도인 곡예사

도 경시하지 않는다. 그것은 몸을 위한 최고의 운동이자 마음을 위한 최상의 휴식이다.

저 로마의 시인은 "근심은 기수의 뒤에 올라타 그의 옷자락에 달라붙는다"[18]고 했다. 하지만 이 말은 파이브스 선수에게는 해당되지 않는다. 파이브스를 즐기는 사람은 두 번 젊어진다. 지금 이 순간에 몰입해 과거도 미래도 느끼지 않는 것이다. 빚도, 세금도, "내란도, 외세의 침략도, 그를 건드릴 수 없다."[19] 경기가 시작되는 순간 그는 공을 치

---

18 호라티우스의 『서정시집(Odes)』 중 "기수의 뒤에는 어두운 근심이 앉아 있다"에서 유래한 것으로 알려져 있다. 기수가 말 위에 올라타도, 배를 타고 멀리 떠나도, 근심은 항상 따라붙는다는 뜻이다.
19 셰익스피어 『맥베스』 III. ii. 맥베스가 살인을 저지른 후 느끼는 불안과 내면의 고통을 표현하는 부분이다.

고, 정확히 보내고, 성공시키는 것 외에는 아무런 바람도 아무런 생각도 없다. 존 캐버나는 그걸 확실히 해냈다.

캐버나가 공에 손을 대는 순간, 경기는 끝난 것이나 다름없었다. 그의 눈은 정확했고, 손힘은 치명적이었으며, 순간의 집중력은 완벽했다. 그는 원하는 대로 할 수 있었고, 언제나 무엇을 해야 할지를 정확히 알고 있었다. 그는 경기 전체를 꿰뚫어 보며 순간에 몰입하고 정확히 플레이했다. 상대의 약점을 즉시 포착해 활용했고, 모두가 포기했을 공을 번뜩이는 직관으로 기적처럼 되살려 냈다. 그는 힘과 기술, 민첩함과 판단력을 고루 갖춘 인물이었다.

그는 상대를 기교로 제압하거나 아니면 순수한 힘으로 눌러 버릴 수 있었다. 때로는 팔을 크게 휘두르며 강하게 공을 보낼 듯하다가, 손목을 살짝 틀어 공을 라인에서 불과 1인치 떨어진 곳에 떨어뜨리곤 했다. 대체로 그의 손에서 나온 공은 라켓에서 튀어나온 듯 수평으로 곧게 뻗어 나갔다. 그래서 그 공을 따라잡거나 막아내는 건 거의 불가능했다. 위대한 웅변가에게는 언제나 적절한 말이 떠오른다고 했듯이, 캐버나는 언제나 공에 실어야 할 힘의 정도와 공을 보내야 할 정확한 방향을 알고 있었다. 그는 극도로 자연스럽게 경기를 해냈고, 필요 이상의 수고는 결코 들이지 않았다. 다른 이들이 땀에 절어 지쳐갈 때에도, 그는 마치 이제 막 코트에 들어선 사람처럼 차분하고 침착했다.

그의 플레이 스타일은 그 실행력만큼이나 인상적이었다.

캐버나에게는 허세도 장난도 없었다. 그는 자세를 뽐내거나 시험 삼아 경기를 망치는 일 따위는 하지 않았다. 신중하고 이성적이며 남자다운 선수였고, 자신의 일을 했을 뿐인데 그가 해낸 것은 다른 누구도 흉내조차 낼 수 없는 수준이었다. 그의 타구는 흐릿하거나 무력하지 않았다. 워즈워스의 장대한 서사시처럼 무겁게 끌지 않았고, 서정적 산문처럼 흔들리지 않았으며, 브루엄[20]의 연설처럼 목표에 미치지 못하지도 않았고, 캐닝[21]의 재치처럼 엇나가지도 않았다. 《쿼터리 리뷰》[22]처럼 반칙적이지도 않고, 《에든버러 리뷰》처럼 공을 흘리는 일도 없었다.[23] 코벳[24]과 주니어스[25]를 합쳐 놓은 듯한 인물이 바로 캐버나였다. 그는 세상

---

20 Henry Brougham(1778-1868), 휘그당 정치인. 웅변과 저술로 유명했다.
21 George Canning(1770-1827), 토리당 정치인. 웅변으로 유명했다.
22 《쿼터리 리뷰(Quarterly Review)》는 1809년에 창간된 보수 성향의 문예·정치 비평지로, 해즐릿 같은 자유주의적 사상가와 문필가 등 정부 정책과 다른 정견을 내는 작가들을 공격하는 데 주력했다. 해즐릿은 물론이고 존 키츠, 리 헌트도 그들의 기사에 많은 괴로움을 겪었다.
23 해즐릿은 경기에서 공을 제대로 처리하지 못하고 흘리는 것을 비평의 실패, 즉 중요한 논점을 놓치거나 제대로 다루지 못하는 태도에 빗대고 있다. 《에든버러 리뷰》는 1802년에 창간된 영국의 영향력 있는 문예·정치 비평지였다. 해즐릿은 초창기 기고가였다.
24 William Cobbett(1763-1835), 영국의 정치 저널리스트로 강렬하고 직설적인 문체로 농민과 서민을 대변하며 부패한 권력층을 거침없이 비판했다. 해즐릿은 그의 힘 있고 대중적인 필력을 높이 평가했다.
25 주니어스(Junius)는 18세기 후반 익명으로 편지 형식의 정치적 글을 기고한 필자다. 정교하고 날카로운 문장, 우아하면서도 통렬한 비판으로 유명했다. 정체는 끝내 밝혀지지 않았지만, 영국 문학사에서 가장 신랄한 필자 중 하나로 평가된

에서 가장 뛰어난 '역전에 능한' 선수였고, 상대가 14점을 앞서 있어도 그와 동점이 되거나 오히려 더 잘해냈다. 부주의나 자만으로 경기를 망치는 일도 없었고, 게으름이나 의욕 부족으로 경기를 내주는 일도 없었다. 그의 경기에서 유일하게 특이한 점이라면, 절대 발리를 하지 않고 공이 바닥에 튀게 놔뒀다는 것이다. 하지만 공이 단 1인치만 떠올라도 결코 놓치는 법이 없었다. 그와 견줄 자는 없었고, 그의 뒤를 이을 자도 없었다.

그는 어떤 선수에게든 경기의 절반을 내주고도 이길 수 있었고, 왼손만으로도 상대를 제압할 수 있었다고들 한다. 그의 서브는 압도적이었다. 한번은 영국 최고의 선수로 꼽히던 우드워드와 메러디스를 세인트 마틴 스트리트의 파이브스 코트에서 동시에 상대했는데, 서브만으로 연속 27점을 따냈다. 그야말로 전례 없는 일이었다. 또 어떤 경기에서는 일류 선수로 평가받던 페루와 5판 3선승제의 시합을 벌였는데, 첫 세 경기에서 페루는 단 1점밖에 얻지 못했다.

캐버나는 아일랜드 태생으로, 직업은 도장공이었다. 어느 날 그는 작업복을 벗고 가장 멋진 옷차림으로 오후의 한가한 즐거움을 누리러 로즈메리 브랜치라는 술집으로 갔다. 그곳에서 어떤 사람이 다가와 "한판 하시겠습니까?"

다. 해즐릿은 이 에세이를 쓸 당시 그가 가장 좋아하는 작가로 주니어스와 장 자크 루소를 꼽았다.

하고 말을 걸었다. 그들은 곧 한 게임당 하프 크라운과 사이다 한 병을 걸고 경기를 하기로 합의했다.

첫 번째 게임이 시작되었다. 점수는 7, 8, 10, 13, 14, 동점. 캐버나가 이겼다. 다음 게임도 마찬가지였다. 그들은 계속 경기를 이어 갔고, 매 게임마다 치열한 접전이었다. "봐요! 저건 캐버나도 못 받았을 거요. 내 생애 최고의 경기였는데 한 판도 못 이기다니. 도대체 뭔 일이래?" 그는 혼잣말처럼 중얼거렸다. 경기는 계속되었고, 캐버나는 모든 게임을 이겼다. 구경꾼들은 사이다를 마시며 내내 웃고 있었다. 열두 번째 게임에서는 캐버나는 4점, 낯선 상대가 13점을 따고 있었다. 그때 누군가 들어오더니 "어라? 캐버나가 여기 있네?" 그 말이 떨어지자마자 놀란 상대는 공을 떨어뜨렸다. "뭐라고요? 내가 지금까지 캐버나를 이기려고 이렇게 애를 썼단 말입니까?" 그는 더이상 경기를 이어가지 않았다. 캐버나는 이 이야기를 약간 자랑하듯이 이렇게 말했다. "그런데 말이죠, 나도 경기 내내 주먹을 꽉 쥐고 최선을 다했어요."

캐버나는 코펜하겐 하우스[26]에서 돈내기나 저녁 식사를 걸고 자주 경기를 벌였다. 그들이 경기를 하던 벽은 주방

---

26 런던 시민들이 차를 마시고 산책을 하거나, 파이브스 게임 등 다양한 놀이를 즐기던 곳이다. 18세기 초에 생겼고 1855년경에 없어졌다. 스쿼시의 전신이라 할 수 있는 파이브스는 이곳에서 시작되었다는 설이 있다.

의 굴뚝을 지탱하는 벽이었는데, 벽이 평소보다 더 크게 울릴 때면 요리사들은 "저건 아일랜드인의 공이야!"라고 외쳤고, 꼬챙이에 꽂힌 고기들이 흔들릴 정도였다. 골드스미스[27]는 자신도 어딘가에서는 존경받는다고 스스로를 위로했지만, 캐버나는 그가 경기를 펼친 모든 파이브스 코트에서 진정한 찬사의 대상이었다.

또 다른 선수인 파월이 세인트 마틴 스트리트의 코트에서 경기를 할 때마다, 갤러리는 하프 크라운을 내고 입장한 사람들로 가득찼다. 그를 보기 위해 모인 사람들은 어떤 분야에서든 탁월한 재능을 존경하는 아마추어들과 팬들이었다. 파월은 영국의 어떤 경기장에 가더라도 금세 호기심 어린 시선들에 둘러싸였을 것이다. 사람들은 그의 몸 어디에 그런 압도적인 실력이 숨어 있는지 알아내려 했고, 그 모습은 마치 정치인들이 캐슬레이 경[28]의 얼굴에서 유럽의 균형이 어떻게 유지되는지 궁금해하고, 크로커[29]의

---

27 Oliver Goldsmith(1728-1774)는 해즐릿에 따르면 이성의 아름다운 외모도 질투한 작가였다. 암스테르담 사람들이 호르넥 자매의 미모를 보려고 모여들자 골드스미스는 언짢아 하며 이렇게 말했다. "어떤 곳에서는 사람들이 나를 감탄하며 바라보지."

28 본명은 Robert Stewart(1769-1822), 아일랜드 태생의 영국 정치가로 나폴레옹 전쟁 당시 외교 정책을 주도한 인물이며 잘생긴 외모로도 유명했다. 그의 얼굴에 "유럽의 균형이 걸려 있다"는 말은 과장된 정치적 이미지에 대한 조롱이다.

29 John Wilson Croker(1780-1857), 아일랜드의 해군 행정관으로 그의 "처진 눈썹 아래에 해군의 영광이 숨어 있다"는 것은 권력자들의 허상과 과장된 명성에 대한 해즐릿 특유의 비꼬는 말이다.

처진 눈썹 아래에서 영국 해군의 영광을 찾아내려는 것과도 같았다.

캐버나는 귀족 의원만큼 잘생겼고, 정무장관보다 훨씬 더 잘생긴 사람이었다.[30] 그는 맑고 개방적인 얼굴을 가졌으며, 서점 주인 머레이처럼 손님의 옆이나 아래를 흘겨보는 법이 없었다.[31] 또한 그는 이성적이고 유머 감각이 있으며 용기 있는 젊은이였다. 한번은 헝거퍼드 계단에서 뱃사공과 말다툼을 벌였는데, 사람들은 그가 멋지게 응징했다고들 한다. 요컨대 오늘날에도 그의 이름을 들으면 감탄하지 않을 수 없는 사람들이 수백은 된다. 그는 아마도 역대 최고의 파이브스 선수였으며, 사람들이 알고 있는 가장 위대한 탁월함의 상징이었다. 캐버나는 자신의 시대에 최고의 기량을 보여 준 선수였지만, 그의 명성은 기록이나 역사보다는 관중의 열광 속에서 빛났다.

캐버나가 자신의 분야에서 최고의 경지에 올랐듯, 라켓볼 선수로 그만큼 탁월했던 인물은 고(故) 존 데이비스였

---

30 "귀족 의원(Noble Lord)"은 영국 상원의 귀족 계층을 지칭하는 표현으로 보통 백작, 남작, 자작 등 귀족 작위를 가진 정치인을 의미한다. 정무장관은 영국 내각의 고위 관료나 국무위원에게 붙는 공식 칭호다. 이 부분은 진정한 위대함은 직함이나 권력에서 오는 것이 아니라, 개인의 능력과 품격에서 비롯된다는 해즐릿의 철학을 드러낸다. 귀족과 고위 관료들은 겉만 번지르르하고, 실질적인 탁월함은 부족하다는 비판이 담겨 있다.
31 "옆이나 아래를 흘겨보는 법이 없었다"는 표현은 당당하고 정직한 태도를 상징한다. 존 머레이(1778-1843)는 부친이 창립한 유명 출판사 존 머레이 출판사의 발행인이며 보수 정치 평론지 《쿼터리 리뷰》를 창간했다.

다. 그에 대해선 이런 말이 회자되었다. "데이비스가 공을 쫓는 게 아니라, 공이 데이비스를 따라가는 것 같았다." 벽이 가로세로 단 1피트만 있어도 그는 반드시 공을 성공적으로 처리했다. 당시 최고의 라켓볼 선수 네 명은 잭 스파인스, 젬 하딩, 아미티지, 처치였는데, 데이비스는 이들 누구에게든 경기의 절반을 내주고도 이길 수 있었다. 그리고 이들 네 명 모두 최상의 컨디션일 때는 런던 최고의 선수에게 똑같이 절반의 핸디캡을 내줄 수 있었다. 이렇듯 인간의 기술과 예술은 어떤 분야에서든 경지의 층위가 존재한다. 데이비스는 한 번에 네 명의 뛰어난 선수들과 경기를 벌여 모두 이겼다. 또한 그는 일류 테니스 선수이자 훌륭한 파이브스 선수이기도 했다. 플리트나 킹스 벤치 감옥에서도 당시 최고의 오픈 코트 선수로 평가받던 파월과 맞설 수 있었을 것이다. 파월은 현재 파이브스 코트의 관리자로 일하고 있으며, 그의 방 문 위에는 이런 문구를 새겨 넣으면 어울릴 것이다. "이곳에 들어서는 자는 자신도, 조국도, 친구도 잊는다." 이 문구의 백미는 확률적으로 그 세 사람 중 누구도 기억할 가치가 없다는 것이다![32]

캐버나는 혈관 파열로 사망했다. 뇌출혈로 마지막 이삼

---

32 해즐릿은 처치를 포함해 네 명을 나열했는데, 여기서 한 명을 누락했다. 아마도 앞선 문구의 메시지를 더 날카롭고 효과적으로 전달하는 문학적 장치로서 그 중 한 명을 벌써 잊었음을 암시하는 것일 수 있다.

년간 경기를 하지 못했는데, 그는 이 사실을 두고 "참으로 가혹하다"고 자주 말하곤 했다. 그는 빠르게 회복하던 중에 갑작스럽게 세상을 떠났고, 그를 아는 모든 이들이 깊은 슬픔에 잠겼다. 필 경이 하원의장 서튼[33]을 임명할 때 "도덕적 인격이 훌륭하다"는 점을 자격으로 삼았듯, 존 캐버나 역시 독실한 가톨릭 신자였으며, 금요일에는 고기를 먹지 않겠다는 신념을 끝까지 지켰다. 그런데 캐버나가 세상을 떠난 날이 바로 금요일이었다. 나는 그를 추도하며 기꺼이 이 헌사를 바친다.

> 누구도 무례한 손으로 그의 묘비와
> 쓸쓸한 묘비명을 훼손하지 말라.[34]

---

33 로버트 필 경(Sir Robert Peel)은 19세기 영국의 대표적인 정치인이자 두 차례 총리를 역임한 인물이며, 특히 현대 경찰 제도의 창시자로 널리 알려져 있다. 찰스 매너스 서튼(Charles Manners-Sutton)은 하원의장을 지냈다.
34 윌리엄 워즈워드의 「엘렌 어윈」에서.

청춘은 영원할 것처럼 사랑하고,

영원할 것처럼 꿈꾼다.

이 믿음은 삶의 가장

순수한 불꽃이다.

영원히 살 것 같은 느낌에 관하여

생명은 순수한 불꽃이며
우리는 내면의 보이지 않는 태양으로 살아간다.
― 토머스 브라운 경

청춘은 죽음을 믿지 않는다. 우리 형이 자주 입에 올리던 말인데 멋진 표현이다. 청춘에는 영원의 감각이 깃들어 있고 이것은 청춘이 겪는 모든 어려움을 보상해 주는 힘이 된다. 젊다는 것은 신화 속 신처럼 불멸의 존재가 된 듯한 느낌이다. 물론 인생의 절반은 이미 지나갔을지도 모른다. 하지만 나머지 절반은 아직 우리 앞에 펼쳐져 있고, 그 안에는 수많은 보물들이 기다리고 있다. 청춘의 기대와 희망에는 경계도 한계도 없다. 청춘은 다가올 시대를 자기 것으로 만든다. 조지프 애디슨[1]도 말하지 않았던가. "우리 앞에 펼쳐진 광활하고 끝없는 전망이여."

---

[1] Joseph Addison(1672-1719), 영국의 수필가, 시인, 극작가.

영원히 살 것 같은 느낌에 관하여

청춘은 시간의 흐름을 거스른다. 영원할 것처럼 사랑하고, 영원할 것처럼 꿈꾼다. 이 믿음은 현실을 초월한 감각이며, 삶의 가장 순수한 불꽃이다. 그리고 그 불꽃은 내면의 태양처럼, 보이지 않지만 우리를 살아 있게 한다.

청춘 시절 우리는 '죽음'이니 '노년'이니 하는 말을 실감하지 못한다. 그것들은 마치 허구나 꿈처럼 우리와는 무관한 이야기처럼 느껴진다. 누군가는 그런 일을 겪을 수도 있겠지만, 우리는 마치 마법에 걸린 듯한 삶을 살고 있다고 믿으며 가볍게 훗 웃어넘긴다.

삶의 시작은 마치 아름다운 여행을 떠나는 순간과 같다. 세상이 '나'를 위해 열려 있다. 우리는 눈앞에 펼쳐진 풍경에 마음을 빼앗기고 그 너머에 또 다른 풍경이 이어지리라 믿는다. 그 전망처럼 욕망은 끝이 없고 그걸 이룰 기회 또한 무궁무진할 것만 같다. 아직은 큰 장애물이 없고 지치지도 않았기에 이 상태가 영원히 지속될 것만 같다.

세상은 끊임없이 생동하며, 청춘은 그 흐름에 맞춰 전진할 힘과 열정을 지니고 있다고 느낀다. 언젠가 뒤처지고, 늙고, 결국 죽게 될 것이라는 징후는 어디에도 없다. 청춘은 단순하고 추상적인 까닭에 자연처럼 자신도 영원하리라 착각한다. 이별이나 불화, 냉담 따위는 상상조차 하지 않는다. 청춘은 인생의 신혼기다. 모든 것이 처음이고, 모든 것이 찬란하다.

  하지만 그들은 모른다. 언젠가 경쟁에서 뒤처지고, 노쇠해지며, 결국 무덤에 던져질 날이 온다는 것을. 청춘은 그 미래를 상상하지 않는다. 아니, 상상할 수 없다. 청춘은 영원의 예감 속에 살며, 이 예감이야말로 그들을 살아 있게 하는 불꽃이기 때문이다. 청춘은 불사신[2]이다. 적어도 우리는 그렇게 믿는다. 그리고 그 시절 그 믿음이 우리가 살아가는 방식 자체를 결정짓는다.

  아기들이 미소 지으며 잠드는 것처럼, 청춘도 욕망의 요람에 안겨 우주의 고요가 들려주는 소리에 안전하다는 착각 속으로 조용히 잠긴다. 청춘은 삶이라는 잔을 갈증 난 듯이 들이키지만 그 잔은 바닥나지 않는다. 기쁨과 희망이 늘 넘쳐흐르고 세상의 온갖 사물을 향한 욕망이 청춘의 마음을 가득 채운다. 그러니 죽음에 대한 생각이 들어설 여지가 없는 것이다. 생명력으로 충만한 '나'라는 존재가 하루아침에 먼지와 재로 변할 리 없다고 청춘은 믿는다. 우리는 눈부신 삶의 환상에 너무도 몰입한 나머지 저 멀리서 우리를 기다리는 무덤의 그림자를 알아차리지 못한다. 시작도 끝도 보지 못하는 청춘. 시작은 망각 속에 실종되고,

---

2 셰익스피어 『맥베스』 V. viii. 12.

끝은 현재가 재촉하는 일상에 가려 보이지 않는다. 삶은 우리를 꼭 쥐고 끝을 생각할 틈을 주지 않는다.

청춘은 "인생의 포도주 잔"[3]이 채워져 있는 동안은 술에 취한 듯 열에 들뜬 듯 감각이 몰아치는 대로 분주히 살아간다. 그러나 시간이 흐르며 사랑하던 것들에 실망하고, 소중한 인연이 끊어지고, 삶의 즐거움이 점점 사라지면서 아기가 젖을 떼듯 청춘은 조금씩 세상과 거리를 두게 된다. 감각은 시들고 미래에 대한 열정은 느슨해진다. 그제야 청춘은 흐릿한 거울을 보듯, 이 세상을 떠날 수도 있다는 가능성을 어렴풋이 받아들이기 시작한다.

그때까지 타인의 죽음은 청춘에게 아무런 영향을 미치지 못한다. 재난을 피하고 슬며시 다가오는 노년과는 숨바꼭질을 한다. 청춘은 튼튼하고 날렵해서, 눈이 침침하고 쇠약한 노년에게 잡히지 않을 것 같다. 스턴의 소설에 나오는 우둔하고 뚱뚱한 부엌 하인이 주인집의 바비 도련님이 죽었다는 말을 듣고 "나는 안 죽었는데!"라고 말하는 것처럼 청춘은 죽음을 그저 남의 일로 여긴다.

죽음이라는 개념은 오히려 삶에 대한 소유욕을 더 강화시킨다. 사람들이 낙엽처럼 떨어지고 시간의 낫에 풀처럼 베어 나간다는 말도 청춘에게는 은유일 뿐이다. 그러나 사

---

3 셰익스피어『맥베스』II. iii. 88.

랑과 희망, 기쁨의 꽃이 눈앞에서 시들어 가면 그제야 청춘은 달콤한 환상을 버리고 공허하고 황량한 전망 속에서 가설적으로나마 무덤의 고요를 받아들이기 시작한다.

삶은 참으로 기묘한 선물이며, 그에 따르는 특권은 신비롭기 그지없다. 그래서 우리는 처음으로 삶을 마주할 때, 그 경이로움과 기쁨에 압도되어 자신이 얼마나 작은 존재인지 모르고 또 이 삶이 언젠가 끝날 수 있다는 사실도 떠올리지 못한다. 눈앞에 펼쳐진 거대한 자연계에 압도되어, 그 찬란함과 영속성을 무의식적으로 자신에게 전사(轉寫)하며 마치 자신도 그 일부인 양 착각한다. 존재의 허무는 청춘에게 아직 도달하지 않은 언어다.

그렇게 삶이 막 시작된 순간, 삶과의 이별은 꿈에도 생각하지 못한다. 박람회를 처음 본 촌사람처럼 우리는 눈앞의 광경에 넋을 잃고 집에 돌아갈 생각은커녕 날이 저물고 있다는 사실조차 잊는 것처럼 말이다. 우리는 우리가 살아 있다는 걸 오직 우리 자신을 통해서만 인식한다. 그리고 그 인식을 우리가 바라보는 세상의 모습과 혼동하곤 한다. 그래서 결국 우리와 세상은 하나라고 여긴다. 그렇지 않다면 우리를 초대한 그 '이성의 향연과 영혼의 흐름'이라는 환상은 그저 조롱이자 잔인한 모욕에 불과할 것이다.

우리는 연극을 보러 가면 마지막 막이 끝나고 불이 꺼질 때가 되어야 자리를 떠난다. 그런데 자연이라는 무대는 여전히 아름답게 빛나고 있고, 무대에서 벌어지는 것을 제대로 다 보지 못했는데, 막이 내려오기도 전에 불려 나가야 한다면 얼마나 허망한 일인가. 자연이라는 계모는 우리를 마치 아이들처럼 들어올려 우주의 환상극을 잠시 보여 주고, 곧이어 우리가 짐이 된 듯 땅에 떨어뜨린다. 그럼에도 이 눈앞에 펼쳐진 장관은 얼마나 찬란한가. 마치 우주 전체가 벌이는 무도회나 축제처럼 지상에서 펼쳐지는 모든 것들이 얼마나 화려하고 아름답게 빛나는가!

햇살은 황금빛으로 반짝이고, 하늘은 푸르르며, 바다는 끝없이 펼쳐져 있다. 우리는 초록빛 대지를 걸으며 수많은 생명들 사이에서 주인처럼 살아간다. 절벽 아래를 내려다보기도 하고 햇살 가득한 계곡을 바라보기도 한다. 세상이 발 아래 펼쳐진 지도처럼 느껴진다. 망원경으로 별을 가까이 당겨도 보고, 현미경으로 미세한 생명체를 들여다보며 우리는 우주의 크기와 생명의 섬세함을 동시에 경험한다. 역사를 읽으며 제국의 흥망과 세대의 흐름을 되새기고, 티루스와 시돈, 바빌론과 수사 같은 도시들의 영광을 떠올린다.[4] 그리고 우리는 말한다, 다 지나간 일이며 지금은 사라

---

4 '티루스'는 지중해 연안의 고대 도시국가였다. 해상 무역으로 막대한 부를 축적했으나 바빌론과 알렉산더 대왕의 침공으로 몰락했다. 티루스는 인간의 번영과

져 아무 의미도 없다고. 그럼에도 우리는 지금 이 시간, 이 공간의 한 지점에 존재하며 끊임없이 움직이는 세계의 관찰자이자 그 일부이다. 우리는 계절의 변화, 더위와 추위, 즐거움과 고통, 아름다움과 추함, 옳음과 그름을 온몸으로 느낀다. 또 우연한 사건들에 반응하고, 눈과 귀를 열어 세상의 거대함을 받아들인다. 숲속에서 들려오는 산비둘기의 울음소리에도 귀를 기울이고 황야와 산을 넘는다. 한밤중 성가대의 노래를 듣고, 불빛 가득한 무도회장이나 어두운 성당을 방문하기도 하고, 극장에 앉아 삶이 모방되는 무대를 바라본다. 예술을 탐구하며 아름다움에 대한 감각을 극한까지 끌어올리고 명성을 숭배하며 영원을 꿈꾼다. 바티칸을 바라보고 셰익스피어를 읽으며, 고대의 지혜를 모으고 미래를 헤아리려 한다. 전쟁의 나팔소리와 승리의 함성을 듣고, 역사를 통해 인간의 마음을 탐구하고 진리를 추구하며 인류의 대의를 옹호한다. 마치 시간과 자연이 우리 발 아래 모든 보물을 쏟아붓는 듯한 감각 속에서 우리는 존재하고 행동하며 세상을 향해 문을 연다.

  그런데 이 모든 것이 순식간에 사라진다면? 마치 마술

오만, 그에 따른 쇠락을 상징하는 도시로 역사에 기록되었다. 메소포타미아의 중심 도시였던 '바빌론'은 특히 느부갓네살 왕의 통치 아래에서 눈부신 번영을 누렸다. 천문학과 수학에서도 뛰어난 업적을 남긴 바빌론은 찬란한 문화의 중심지였으며, 오늘날까지도 인간 문명의 절정과 그 한계를 동시에 보여 주는 상징적인 도시로 기억되고 있다. '수사'는 고대 이란의 도시였다. 페르시아 왕들의 왕도였던 이곳은 예술과 종교, 정치가 어우러진 문명의 중심지였다.

사의 손놀림이나 환영처럼 이 모든 것이 주마등의 한 장면처럼 사라진다면? 이 모든 것을 누리다가 아무것도 아닌 존재로 전환되는 그 순간, 우리는 충격을 받아 희망과 기쁨으로 막 물든 청춘의 열정이 갑자기 식어 버린다. 그래서 우리는 위안이 없는 생각을 가능한 한 멀리 밀어낸다. 기쁜 삶의 축제를 막 시작했는데 빚이나 청구서 따위는 걱정하고 싶지 않다. 자연에게 지불해야 할 마지막 빚, 죽음에 대해서도 마찬가지다. 우리는 예술이 길다고 알고 있고 삶도 그래야 한다고 믿는다. 아직 이루지 못한 일들이 많고 완벽함은 시간이 걸리는 일이라고 생각한다. 위대한 인물들의 명성은 영원하다고 믿으며, 그들을 바라보는 우리도 그 불멸의 불꽃을 조금쯤은 품고 있다고 느낀다. 루벤스는 "그림을 좀 알 만하자 그림을 못 그리게 되었다"고 한탄했다.[5] 우리는 그보다는 운이 좋기를 기대한다.

렘브란트의 그림 속 주름이나 자연 속 주름 하나도 특징을 분별하며 이해하자면 며칠이나 걸릴 만큼 복잡하다. 우리는 그처럼 훌륭하게 표현하기 위해 기예를 더욱 정교하게 갈고닦아 자연의 복잡한 결을 하나하나 풀어내며 끝없는 탐구를 이어간다. 앞으로 펼쳐질 미래는 얼마나 놀라운가! 우리가 시작한 이 과업은 얼마나 거대한가! 그런데 이

---

[5] 루벤스는 외교관으로서의 임무에 더하여 말년에 통풍으로 고생하며 그림을 그리기 어려운 상황에 처했는데, 그 시기를 회고하는 말이다.

제 막 시작한 이 여정이 중단되어야 한단 말인가! 우리는 이 시간이 헛된 것이 아니라고 믿으며 지치지도 않는다. 오히려 끝없는 과업 속에서 새로운 힘을 얻는다. 그러나 시간이 우리가 시작한 일을 마칠 기회를 주지 않는다면, 그것은 너무나 부당하다. 나는 렘브란트의 그림을 몇 시간이고 바라보며 시간의 흐름을 잊고 넋을 잃은 채 매순간 새로운 경이와 기쁨에 빠졌다. 내가 다시 태어나도 저런 작품을 만들 수 있을까! 그 그림에는 끝도, 한계도, 쇠퇴도 없어 보였다. 그림을 바라보던 내 눈은 벌레의 먹이가 되었을지언정 렘브란트는 오래도록 살아남을 것이다.

  이 모든 것이 이성으로는 설명되지 않는 일 같다. 건강과 힘, 식욕 같은 생의 감각은 죽음이라는 개념과는 너무나도 어긋나 있다. 우리는 환상이 깨지고 희망이 식어 버릴 때까지는 죽음을 진지하게 받아들이지 못한다. 청춘 시절의 경험은 그 새로움 때문에 너무나 강렬하고 선명하게 뇌리에 새겨져 결코 지워지거나 사라질 수 없을 것 같다. 그 기억들은 마치 본성의 일부처럼 단단히 박혀 있어서 그것을 없앨 수 있는 건 자연스러운 쇠퇴가 아니라 폭력적인 파괴밖에 없다고 생각한다. 이런 믿음이 너무 강하기에 우리는 마치 미래의 시간을 미리 살아내는 듯한 감각을 누린다. 몇 년의 시간을 녹여내어 단 하나의 강렬한 공감의 순간으로 응축시키고, 그 순간을 통해 시간의 침식조차 거부할 수 있다고 느끼는 것이다. 그렇다면, 즉 삶의 단 한 순간이 수 년의 가치가 있다면 우리는 과연 그 전체적인 가치와 범위에 어떤 한계를 둘 수 있을까?

우리는 자신이 끝없이 오래 살 것이라 믿기 때문에, 가끔 혼자 있을 때 새로운 자극이 없어 지루함을 느끼면 시간이 너무 느리게 흘러간다고 짜증을 낸다. 그리고 이렇게 느린 속도로 흐른다면 시간은 영원히 끝나지 않을 것이라고 생각하기도 한다. 마음속에 간절히 원하는 대상과 우리 사이를 가로막는 게 시간이라면 얼마든지 희생할 준비가 되어 있다. 하지만 시간이란 너무 느리게 흐르다가도 어느 순간부터 너무 빠르게 흐른다는 것을 느끼게 될 줄은 전혀 생각하지 못한다. 청춘기의 환상은 시간과 경험 앞에서 서서히 흩어지고, 기대의 한계가 적나라하게 드러난다. 인생의 축제 행렬이 거의 다 지나갔을 때, 가면극이 우리를 배신했을 때, 우리는 비로소 인생과 시간의 기만을 간파하고 그 행렬에 끝이 있음을 믿게 된다.

나의 삶은 프랑스 혁명과 함께 시작되었다. 그리고 안타깝게도 나는 그 종말을 목격할 만큼 오래 살아 버렸다. 처음엔 이런 결말을 상상하지 못했다. 자유의 첫 빛이 비치던 그 순간, 내 인생의 태양도 함께 떠올랐고 그 빛이 이렇게 빨리 저물 것이라곤 생각하지 못했다. 그 시절, 사람들의 마음에 불을 지핀 새로운 열정은 내 마음에도 온기와 활력을 불어넣었다. 우리는 함께 달릴 힘이 있었건만, 나는 내 태양이 지기 전에 자유의 태양이 피로 물들고 다시 독재의 어둠 속으로 사라지리라고는 꿈에도 몰랐다. 그 후로 나는 더이상 스스로 젊다고 느낄 수 없었다. 그 자유와 함께 내 희망도 무너졌기 때문이다.

그 시절 인간은 숭고한 열망을 품었고, 철학은 보다 높은 길을 걸었으며, 시는 정신의 깊은 영역을 탐색했다. 『도적들』[6]을 읽으며 느꼈던 통쾌함은, 권력의 아성이 무너지고 자유의 행진이 울려 퍼지던 그 시대의 희망 덕분이었다. 돈 카를로스[7]가 죽는 장면은 얼마나 큰 격정을 불러일으켰던가! 고결한 열의가 저돌적으로 질주하고, 세계와 우리의 가능성이 열리고 있던 바로 그 순간에 죽음의 그림자가 예고 없이 나를 강타했다. 억압과 속박의 분위기가 숨통을 조였고, 나는 조바심이 났다. 나 자신을 포옹하고, 나라는 존재 전부를 이해하고 싶었고, 삶과 죽음의 신비를 읽어내고 싶었다. 나는 의심과 두려움의 고통을 끝내기 위해 우리를 가두고 있는 감옥을 부수고 뛰쳐나가고 싶었다. "공포의 왕"[8]이 지배하는 궁전에서 그와 맞서고 싶었다.

---

6 독일 시인 프리드리히 폰 실러의 극. 사회적으로 급진적인 사상을 다룬다.
7 프리드리히 폰 실러의 『돈 카를로스』(1787)의 주인공. 자유의지론적 경향을 보이는 극으로 베르디의 오페라 『돈 카를로』(1867)의 모태가 되었다.
8 『성경』「욥기」 18:14. 공포의 왕은 죽음을 가리킨다.

이 글을 쓰다가 문득 고개를 들어 선반을 보니 내 어린 시절의 작은 초상화가 눈에 들어왔다. 지금 내 얼굴에는 그 시절의 흔적을 거의 볼 수 없지만 차분해 보이는 이마와 가운데가 오목한 입술, 호기심 많고 소심해 보이는 눈만은 그대로인 것 같다. 그림 속에서 태평하게 미소 짓는 아이는 그 시절 마음속에 싹트기 시작한 감정을 배신하지 않았고, 순수했던 청춘기에 얼굴을 붉힐 글을 썼다고 나를 나무라지도 않았다.

요즘 나는 청춘 시절 기억의 조각들을 하나하나 모아 언제든 다시 돌아볼 수 있는 형태로 정리하는 일에 마음을 쏟는다. 미래는 더이상 나아갈 길을 열어 주지 않았고, 나는 위로와 용기를 얻기 위해 내 과거를 돌아보게 되었다. 이렇게 우리는 점점 희미해지는 자아를 붙잡기 위해 생각 속에서라도 자신을 되살리려 애쓴다. 완전히 잊히는 건 누구에게나 두려운 일이니까. 그래서 우리는 적어도 이름만이라도 다음 세대에 남기고 싶어 한다.

우리가 소중히 여기는 생각과 관심사를 다른 사람들의 마음속에 살아 있게 할 수만 있다면, 우리는 무대에서 완전히 퇴장한 것이 아니다. 여전히 누군가의 가슴속에 자리하고 그들에게 영향을 미치기 때문이다. 먼지와 재로 돌아가는 것은 육체일 뿐이다. 우리가 애착했던 생각들은 여전히 공감을 얻고, 때로는 살아 있을 때보다 더 뚜렷한 존재로 세상에 남는다. 이렇게 해서 강렬하고 끊임없는 자기애의 요구는 충족된다. 이것이야말로 가장 끈질기고도 강력한 욕구다. 게다가 육체가 죽은 다음에도 우리가 지닌 지적 능력으로, 또는 덕성과 신념으로 살아남을 수 있다면 우리는 다른 이의 관심을 끌고 더 높은 존재의 위치에 이를지 모른다. 그렇게 우리는 인간과 천사 모두에게 기억되는 존재가 될지 모른다.

> 무덤 속에서도 자연의 목소리는 울려 퍼지고,
> 우리의 재 속에도 생전의 불꽃은 여전히 살아 있다.[9]

나이가 들수록 우리는 시간이 얼마나 소중한지 절감한다. 시간 외의 모든 것은 그 의미가 퇴색하고, 존재가 비존재로 전환된다는 사실이 놀랍기만 하다. 세상은 그대로인데, 왜 나라는 존재만 변해야 하는가. 이런 생각은 지금 이 순간에 더욱 집착하게 만들며, 우리가 보는 모든 것이 어딘가 허위적이고 공허해 보인다.

청춘 시절 모든 사물이 풍성하고 생생하게 다가왔는데,

---

9 Thomas Gray(1716-1771), 영국의 시인이자 케임브리지 대학교의 고전학자. 대표작으로 「시골 교회 묘지에서 쓴 비가」(1751)가 있다. 1810년 경 해즐릿은 영국의 극작가 토머스 홀크로프트의 회고록을 편집함과 동시에 토머스 그레이에 관한 글을 집필했다.

그 충만한 감각은 이제 사라지고 세상이 평평하고 밋밋하게 느껴진다. 모든 것이 겉은 아름답지만 속은 탐욕과 부패로 가득찬 회칠한 무덤[10]이다. 세상은 마치 마녀처럼 우리에게 허상과 허식만을 보여 주며 진실을 감춘다. 청춘의 순수와 기대감과 벅찬 감동은 사라지고, 우리는 그저 큰 불행이나 귀찮은 일 없이 이 세상을 어떻게든 빠져나가는 것만을 생각한다. 도취적 환상의 시간, 심지어 과거의 기쁨과 희망을 되돌아보는 여유도 점점 사라진다. 품위 있게 삶을 마무리할 수 있다면, 큰 병을 치르지 않고 마음마저 고요하고 단정한 정물화처럼 정돈된 상태에서 무(無)로 돌아갈 수 있다면, 그것이 우리가 기대할 수 있는 전부일 것이다. 우리는 죽음의 순간에 한꺼번에 사라지는 것이 아니다. 사실 우리는 그보다 훨씬 이전부터 조금씩 부서지고, 사라져왔다. 능력도 관심도 애정도 하나씩 사라지고, 우리는 살아 있는 동안에도 자기 자신으로부터 찢겨 나간다. 해마다 우리는 더이상 예전의 우리가 아니게 되고, 죽음은 그저 남은 마지막 조각을 무덤으로 데려갈 뿐이다.

---

10 「마태복음」 23:27. "화 있을진저 외식하는 서기관들과 바리새인들이여 회칠한 무덤 같으니 겉으로는 아름답게 보이나 그 안에는 죽은 사람의 뼈와 모든 더러운 것이 가득하도다." 우리는 종종 겉모습에 속는다. 반짝이는 외면, 정갈한 말투, 도덕적인 태도에 마음을 열지만, 그 안에 무엇이 있는지는 쉽게 보지 못한다. "회칠한 무덤"이라는 표현은 바로 그런 인간의 이중성을 날카롭게 꿰뚫는다. 겉은 흰 회로 단정하게 칠해져 있어 아름답고 고결해 보이지만, 그 속은 썩은 시신과 부패한 냄새로 가득한 무덤일 뿐이다.

우리가 서서히 닳아 마침내 아무것도 아닌 존재로 사라지는 것이 놀라운 일은 아니다. 왜냐하면 한창 젊고 생기 넘칠 때조차 가장 강렬했던 인상들도 잠깐 흔적을 남길 뿐, 곧 사라지지 않던가. 우리는 결국 사소한 상황에 휘둘리는 존재다. 생의 가장 좋은 시절에조차 우리가 읽은 책들, 우리가 목격한 장면들, 우리가 겪은 감각들이 우리에게 얼마나 작은 흔적만을 남기는가. 예를 들어 감동적인 소설을 읽고 우리는 아름다움과 숭고함, 깊은 감정을 느낀다. 그 감정이 영원히 지속될 것 같고, 소설의 분위기에 마음이 물들 것만 같다. 하지만 책을 덮고 거리로 나가 진흙탕을 밟거나 돈 몇 푼을 사기당했다는 사실을 깨닫는 순간 그 감동은 흔적도 없이 사라지고, 우리는 다시 사소하고 성가신 현실의 희생양이 된다.

인간의 정신은 숭고하게 부풀 수 있지만, 동시에 비굴과 혐오와 편협함에 익숙하다. 그럼에도 우리는 노쇠하여 불평이 많아지는 자신을 깨닫고 놀라워한다. 청춘의 풋풋함이 언젠가 시든다는 사실이 자명한데도 그것을 받아들이지 못한다. 우리의 욕망과 기대는 두 세계를 모두 가졌다고 해도 만족하지 못할 만큼 크고 과도한 것이다. 그럼에도 생전의 불꽃은 꺼지지 않고 누군가의 기억 속에서 다시 타오를 수 있다. 존재의 흔적은 사라지지 않는다. 이것이야말로 우리가 남길 수 있는 가장 인간적인 유산이다.

병상에서의 회복은
독서를 통해 완성된다.
책은 기억을 되살리고,
감각을 정제하며,
삶을 다시 시작하게 한다.

병상의 풍경

극장의 환희에서 병실의 고통까지는 단 한 걸음이다. 소음과 조명, 웃음과 흥분이 가득찬 공간에서 외로움과 어둠, 무료함과 통증이 지배하는 공간으로의 전환은 순식간이다. 신선한 공기 한 줄기, 먹구름 한 조각이 그 걸음을 옮기게 한다. 그리고 그 변화는 영원할 것만 같다.

갑작스러운 병은 단지 인생의 여정을 멈추는 것이 아니라, 그 여정에 깃든 모든 기억과 열망을 지워 버린다. 쾌락에 대한 의욕은 사라지고, 연애의 열병은 효과적으로 치유된다. 침대에 얽매인 몸은 더이상 쾌락의 여행을 떠날 수 없고, 그 자리를 차지한 희미한 환영은 의심스럽고 혐오스럽다.

과거나 미래의 풍경을 상상할 수 있는 문이 반쯤이라도

열려 있다면, 현실과 환상의 대비가 굴욕감을 줄지언정 어쩌면 위로가 될지도 모른다. 그러나 고통은 상상력마저 마비시킨다. 우리는 더 나은 것을 상상하지 못하고 현재의 불운에 갇힌다. 생각과 감정은 외부와 단절되고, 영혼은 육체에 갇혀 낙담한 채 방 한쪽 구석에 방치된다.

그 순간, 우리는 모든 것을 혐오한다. "어둠의 장막 사이로"[1] 희망의 빛은 한 줄기도 새어 나오지 않는다. 고통 속에서 은총과 아름다움을 떠올리는 일은 불가능하다. 숨쉬기조차 힘든데 감미로운 음악이 무슨 소용이겠는가? 우리는 고통과 기쁨을 연결하려는 시도를 포기한다. 무기력을 분발시켜 황홀경으로 이끄는 시도는 마음을 더 아프게 할 뿐이니까.

고통에서 벗어나려는 열망은 모든 것을 압도한다. 이 목적에 전념하는 동안 다른 모든 것은 무의미하고 어리석게 느껴진다. 어떤 대가를 치르더라도 안락함(병약하고 고통받는 이들의 여신)을 얻을 수만 있다면, 우리는 인생의 모든 즐거움과 슬픔을 기꺼이 포기할 것이다. 질병과 치료를 제외한 모든 것은 사치로 보이고, 질병은 악마처럼 우리를 괴롭힌다. 질병은 우리의 몸과 마음을 차지하고, 우리는 그에 흡수되어 다른 무엇도 생각할 수 없다. 격심한

---

1 셰익스피어 『맥베스』 I. v. 51.

고통 외에 모든 것이 부서지고 흩어지는데, 그 속에서 우리는 가끔 퍽 괜찮은 결심을 하기도 한다. 병상은 속세의 허영과 왕좌보다 더 우월한 자리가 될 수도 있는 것이다.

그러나 고통 중에 한 맹세는 대개 오래가지 않는다. 지나친 언행과 그로 인한 후회는 모두 자기중심적이며, 열렬한 후회일수록 더 빠르게 퇴색한다. 왜냐하면 현재의 감정에 사로잡힌 상태에서는 그 너머를 보지 못하기 때문이다.

> 악마가 병들었을 때, 그는 수도사가 되고 싶어 했다.
> 그리고 병이 나았을 때, 그는 수도사가 되어 있었다.[2]

이 역설적인 장면은 인간의 의식이 얼마나 신체적 조건에 종속되는지를 보여 준다. 고통은 우리를 변화시키지만, 그 변화는 고통이 지속되는 동안만 유효하다. 병이 낫는 순간, 우리는 그 모든 결심과 통찰을 잊는다. 마치 그것들이 꿈이었던 것처럼.

병상에 누운 인간은 끊임없이 몸을 뒤척인다. 오른쪽, 왼쪽, 바로 눕고, 엎드리고, 다시 일어나 방 안을 서성인다. 추위를 피해 옷을 껴입지만 곧 신열에 시달려 옷을 벗

---

[2] 프랑스 르네상스 시대의 저명한 작가인 프랑수아 라블레의 말에서 유래한 속담으로 알려져 있다. 라블레의 이 말은 옛 롬바르드 왕국의 속담 "일단 위험이 지나가면 성인은 멸시된다"를 변형한 것으로 보인다.

는다. 통증은 휴식을 허락하지 않고 피로는 쌓여만 간다. 참을성을 끌어내 보지만, 결국 울화통을 터뜨리고 속 좁은 분노를 내보인다. 하지만 그 어떤 반응도 고통을 줄이지는 못한다.

질병은 삶과 죽음처럼 우리와 결합되어 있다. 새로운 약, 새로운 처방, 새로운 희망을 시도하지만 병이 나으리라는 보장은 없다. 병마는 우리 몸에 송곳니를 박고, 무게로 짓누르며, 매 순간을 한계로 만든다. 고통은 길고 끝이 없어 보인다. 우리는 실신하거나 광란에 빠질 것 같고, 결국 "무익한 기도로 귀먹은 신을 괴롭힌다."[3]

이 절망 속에서 우리는 악의 기원과 고통의 불가피성에 대해 질문을 던진다. 질병은 "수많은 비유를 낳고, 우리는 그것을 도덕적 교훈으로 삼으려 한다."[4] 그러나 동시에 우리는 의술을 부정한다. 의사들은 이상하거나 돌팔이이며, 고통을 덜어 주기는커녕 그것을 유지하려 한다고 우리는 믿는다. 약사에게 따지고, 간호사에게도 욕을 퍼붓는다. 위로의 말조차 모욕처럼 들린다. 죽음을 생각하지만 그조차 실행할 용기가 없다. 너무 떨리기 때문이다. 그러다가 어느 날 변화가 찾아온다. 병이 낫고 나면 우리는 그간의 고통을 금세 잊는다. 병이 등을 돌리자마자 우리는 그 모

---

3 셰익스피어 『소네트』 29.
4 셰익스피어 『뜻대로 하세요』 II. i. 45.

습을 비웃는다. 병상에서 한 결심은 우화처럼 느껴지고, 건강은 당연한 권리처럼 여겨진다. 우리는 약병을 창밖으로 던지듯 그 흔적을 경멸하며 지워 버린다.

짧고 불온했던 잠에서 깨어난 순간, 창가의 흰 커튼 너머로 황금빛이 스며든다. 새날을 밝히는 새벽빛인지 저무는 저녁빛인지 알 수 없다. 아마도 우유에 타서 먹은 아편이 내 시간 감각을 흐려 놓았는지도 모른다. 시간은 멈춘 듯하고 혹은 앞으로 나아갔거나 되돌아갔는지도. 나는 나 자신을 바라보다가 문득 시선을 바깥으로 돌린다.

언젠가 보았던 저녁 하늘, 하얀 솜털 구름, 푸른 들판과 훈훈한 바람. 그런 풍경을 떠올리면 이 단조로운 병상의 내 무기력이 조금은 덜어질까 싶지만, 상상의 날개는 퍼지지 않는다. 바깥 공기는 이 답답한 실내와는 전혀 딴판이다. 흰 구름은 사라지고 먹구름이 끼면서 주위가 어두워진다. 그런데 갑자기 나는 그 풍경 속을 걷고 있다. 내가 좋아하던 사물들이 시야에 들어오고, 병자의 감옥 같던 침대와 약병들이 기억에서 사라진다.

상상력은 감각과 습관을 압도한다. 감각은 한 번에 하나의 대상만을 받아들이지만, 상상력은 세계를 지배한다. 그래서 우리는 몸에 닥칠 재앙을 미리 두려워하지 않는다. 재앙이 지나가면 그것은 곧 잊힌다. "보이지 않으면 잊힌다"는 속담은 괜한 말이 아니다. 그것은 인간의 기억과 의지의 본질을 드러낸다. 이 점은 실형이 범죄를 억제하지 못하는 이유이기도 하다. 감옥과 쇠고랑, 중노동은 인간의 본성이나 명예, 양심을 건드리지 못한다. 명예와 양심이 없는 자에게 실형은 무의미하고, 그것이 있는 자에게는 오히려 마음을 단단하고 독하게 만든다. 범죄자는 고통을 혐오하지만, 그것을 피할 수 있게 되면 삼손이 잔가지를 내던지듯[5] 그 기억을 가볍게 던져 버린다.

여행도 마찬가지다. 더위와 추위, 사고와 피로 속에서 다시는 떠나지 않겠다고 결심하지만, 하룻밤 자고 나면 다시 떠날 수 있을 것만 같다. 낭만적인 풍경의 기억만이 남고, 지난 여행의 불편했던 기억은 뒤안길로 밀려난다. 육체는 통증이 다시 찾아오기 전까지는 그것을 잊는다. 그러나 상상력과 열정, 자존감은 고통이 지나간 뒤에야 비로소 존재하기 시작한다. 메타스타지오[6]의 말처럼, "모든 악 중 최악은 두려움"이다. 하지만 그 두려움조차도 고통이 지나

---

[5] 죄수의 육신이 감옥에 갇혀 있듯, 그가 탈출을 계획하지 않는 한 그의 생각 또한 그 벽을 넘지 못한다. 그러나 일단 탈옥에 성공한 자는 다시는 자신의 마음을 그 감옥으로 되돌리지 않으며, 다시 붙잡히지 않기 위한 사소한 조치조차 신경 쓰지 않는다. 우리는 이익보다 상상을 좇는다. '개인의 정체성'이라는 개념은 우리의 행동을 이끄는 힘이 되지 못하며, 이론 속에서도 실천 속에서도 그 기반은 불안정하다. (원주)

[6] Pietro Metastasio(1698-1782), 이탈리아의 시인이자 가극 작가로 18세기 오페라에 많은 공헌을 했다.

간 뒤에는 상상력의 그림자 속으로 사라진다. 인간은 고통을 기억하지 않는다. 인간은 상상한다.

오랜 병실 생활을 끝내고 허약하고 신경이 날카로워진 채 세상으로 돌아오면 낯설고 의심스럽다. 거리의 사람들은 마치 기어다니는 파리처럼 보이고, 모든 것이 간신히 살아 있는 듯한 느낌을 준다. 하지만 그 활기 없고 불완전한 인상을 남기는 존재는 사실 우리 자신이다. 격렬한 통증을 겪고 나니 평범한 사물도 실체 없는 환영처럼 보인다. 휠체어에 앉아 벽난로 앞에 머물고, 식욕이 돌아오며, 책을 집어 드는 순간 우리는 비로소 다시 삶의 궤도로 복귀한다. 하지만 그 감각조차 처음에는 확신이 아닌 경험에 따른 확인이다. 마치 잠에서 깨어났는지 확인하려 손을 펴 보는 것처럼 우리는 현실을 더듬는다.

바로 이때, 책은 우리에게 가장 순수하고 선한 세계가 된다. 병에서 소생한 우리는 마치 무덤에서 유예된 자처럼 젊은 날의 신선한 감각으로 책 속의 세계로 들어간다. 독서는 단순히 무료함을 덜어 주는 수단이 아니다. 독서는 열정을 누그러뜨리고, 세속적 추구에서 벗어나게 하며, 지난날의 정직하고 열광적인 감정을 되살리는 통로다.

병은 우리를 온순하게 만들고 다시 어린아이로 되돌린다. 이 급격한 변화가 과거를 되돌아보게 하고, 그 회고는 짧지만 완전한 해방을 제공한다.『톰 존스, 버려진 아이의 역사』를 읽고 소화불량에 시달리는 사람이 있다는 게 놀랍고, 진정한 신자가 『선녀 여왕』을 읽고 평온한 나날을 누리지 못한다면 그것도 이해하기 어렵다.[7]

지금 눈앞에 있는 사물들은 과거의 흔적을 품고 결국엔 피할 수 없는 결말을 향해 나아가고 있음을 보여 준다. 긴장된 신경과 흩어진 힘으로 세상에 다시 발을 들인 우리는 기계가 충격을 받으면 털털거리듯 죽음의 그림자에 놀라 과거의 자신을 대리인으로 세워 죽음에서 멀어지려 한다. 수명의 모래알이 얼마 남지 않았을 때, 우리는 추억의 마지막 조각까지 활용하려 한다. 거리에서 들려오는 즐거운 목소리는 우리를 어느 시골 마을의 기억으로 실어 나른다. 바닷가에서 아이들이 노는 모습이 보이고, 웅장한 바다는 쉼 없이 울부짖는다. 그 소리는 생의 원초적 리듬처럼 들린다. 벽난로 근처에서 귀뚜라미가 울면 오래전 크리스마스의 놀이가 떠오른다. 거리의 환성조차 과거의 기억처럼 들리고, 버터를 바르지 않은 토스트는 이십 년 전의 맛을

---

[7] 해즐릿은 헨리 필딩의 『톰 존스, 버려진 아이의 역사』를 유쾌하고 따뜻하며 인간미 넘치는 작품이라고 보았다. 그런 책을 읽고도 몸이 불편하다니 말이 안 된다는 식의 표현이다. 그는 문학이 마음을 풍요롭게 하고, 심지어 육체적 고통까지도 잊게 해 줄 수 있다고 믿었다. 문학이 소화불량을 치료한다는 건 말도 안 되지만, 그만큼 문학이 강력한 영향을 준다는 걸 강조하려는 표현이다. 『선녀 여왕』은 에드먼드 스펜서의 장대한 서사시로, 미덕과 기사도의 이상을 찬미하는 작품이다. 해즐릿은 이 작품을 '진정한 신앙인', 즉 상상력과 미적 감수성을 가진 사람에게 일상의 고통을 잊게 해 주는 정신적 피난처로 여긴다.

되살린다. 병상에서 벗어난 뒤 장미 향기는 더욱 짙고, 여행과 술집에 대한 상상은 더욱 달콤하다.

그런데 이 모든 암시적 연상은 책 속에서 가장 선명하게 표면화된다. 책은 병상에서의 무기력과 현실의 불확실성을 넘어 순수하고 선한 세계로 우리를 초대한다. 나는 찰스 램이 사랑한 『리스본 여행기』나, 구할 수 있다면 『데카메론』을 택하겠다. 신간이라면 『폴 클리퍼드』[8]가 좋겠다. 이 책은 저자가 신사이면서도 자기 계급에 대해 쓰지 않았다는 독특한 장점이 있으며, 상류층의 위선에서 벗어나 삶과 죽음, 굶주림과 강제된 선택 사이에서 흔들리는 인간의 진실을 보여 준다. 그 속의 인물들은 꾸밈없이 생생하고, 독자는 그들과 함께 숨쉬며 달린다. 자, 나는 『거지 오페라』의 새로운 의역본을 손에 넣어 본격적으로 읽기 시작했다. 제1권의 마지막 부분에서 달빛 아래 세 명의 노상강도가 황야를 질주할 때 나도 그들과 함께 달린다. 내 신경은 단단히 조여지고, 기분은 한껏 고양된다. 반면에 잘 차려입은 신사들이 저녁 식사 후 우아하게 이쑤시개로 이를 쑤시며 넥타이가 흐트러지지 않게 애쓰는 상류층의 허영과 무미건조한 대화는 아무런 감동을 주지 못한다.

나는 병실에 있다는 사실조차 잊고 책 속 세계에 몰입

---

[8] 영국의 소설가 에드워드 불워 리튼이 1830년에 낸 장편소설.

한다. 이제 나는 극장의 무료 입장[9]이 "인생의 진정한 비애와 숭고함이다"라는 내 신념을 반쯤은 철회할 준비가 되어 있다. 왜냐하면 무대가 인간의 가면과 세상의 행렬을 보여 준다면, 책은 가장 진실하고 편안한 즐거움을 줄 뿐 아니라 인간의 영혼을 들여다보게 하고 자신의 비밀까지도 펼쳐 보이기 때문이다. 병상에서의 회복은 독서를 통해 완성된다. 책은 기억을 되살리고, 감각을 정제하며, 삶을 다시 시작하게 한다.

* 해즐릿은 이 에세이를 1830년 《뉴 먼슬리 매거진》 8월호에 기고하고 다음달인 9월 18일에 세상을 떠났다.

---

9   해즐릿은 연극을 통해 인간의 희로애락의 감정을 쉽게 접할 수 있다는 것을 "무료 입장"이라는 상징적인 표현으로 말하고 있다. 그는 병상에 눕기 전까지 연극을 인간 삶의 진정한 감동과 숭고함을 보여 주는 최고의 예술로 여겼다. 연극은 관객에게 웃음, 눈물, 사랑, 배신 등 인간 드라마를 직접적이고 생생하게 전달하기 때문이다. 하지만 그가 병상에 누워 책을 읽으며 느낀 감정은 전혀 달랐다. 그는 문학 속에서 더 깊고 내면적인 감동을 경험하게 된다. 그래서 무료 입장이 "인생의 진정한 비애와 숭고함이다"라는 자신의 기존 신념을 철회할 준비가 되었다고 밀하는 것이다. "무료 입장"은 이제 얕은 감동의 상징이 되었고, 문학은 노력과 상상, 사색을 통해 얻는 진정한 감동의 공간이 된 것이다.

윌리엄 해즐릿

1778	4월 10일 영국 켄트 주 메이드스톤에서 출생. 아버지는 그곳의 유니테리언 교회 목사였다.
1789	프랑스 혁명.
1780	코크 시로 이사한다. 그의 아버지인 윌리엄 목사가 미국 전쟁 포로들에 대한 학대에 항의한다.
1783	가족이 미국으로 이주한다. 윌리엄 목사는 보스턴에 최초의 유니테리언 교회를 세운다.
1787	영국으로 돌아간다. 윌리엄 목사는 슈롭셔 주 웸에서 목사로 일한다.
1792	퍼시 셸리 출생. 메리 울스턴크래프트의 『여성의 권리 옹호』 출간. 파리에서 '9월 학살' 발생.
1793	해크니 뉴 칼리지에서 수학. 「새로운 민형사법론 입안」이라는 글을 쓴다.
1794	사라 시던스가 등장하는 셰익스피어 연극 관람.
	의회 개혁을 주장하던 화가 토머스 하디(1757-1804)와 정치가 존 혼 툭(1736-1812) 등 급진적 변혁론자들이

	반역죄로 재판을 받았으나 무죄를 선고받는다. 윌리엄 블레이크의 『순수의 노래』 발표.
1795	아버지의 뜻과 달리 성직자가 되지 않기로 결심한다. 해크니 뉴 칼리지를 자퇴하고 런던에 가서 형과 함께 산다. 형이 소개해 준 윌리엄 고드윈과 친분을 맺는다.
1796	런던에서 웸으로 이사한다. 『인간 행동론』을 쓰기 시작한다. 토머스 홀크로프트와 조지프 포셋을 비롯한 전세대 급진주의자들과 친해진다. 버크와 루소를 읽기 시작한다.
1797	에드먼드 버크 사망. 메리 울스턴크래프트가 둘째 딸 고드윈(메리 셸리)을 낳고 산후 패혈증으로 사망.
1798	유니테리언 교회에 설교차 방문한 콜리지와 친분을 맺고 워즈워드도 만난다. 화가가 되기로 결심한다.
1799-1804	런던에서 열린 오를레앙 공작 소장품 전시회를 관람하고 "미술의 신비에 입문하다"라고 기록한다. 파리 루브르 미술관에서 대가들의 회화를 모사하며 그림에 전념한다. 초상화 의뢰를 받으면서 직업 화가의 길로 들어선다.
1802	해즐릿이 그린 아버지의 초상화가 왕립 예술 아카데미에서 전시된다.
1804	나폴레옹이 황제로 등극한다.
1805	첫 책 『인간 행동론』을 출간한다. 찰스 램의 초상화를

그린다(현재 런던 국립 초상화 미술관에 걸려 있다). 진정한 화가가 될 수 있을지 회의에 빠진다.

1806	소책자 「사회 문제에 대한 자유로운 생각」을 출간한다.
1807	에이브러햄 터커의 『자연의 빛 연구』 요약본을 출간한다. 경제학자 토머스 맬서스를 비판하는 에세이를 발표한다. 『영국 의회의 웅변』을 편찬하고 영어 문법서를 쓰는 등 런던에서 활발한 집필 활동을 한다.
1808	찰스 램 부부의 친구인 사라 스토다트와 결혼해서 윈터슬로로 이사한다.
1810	『새 영어 문법』을 출간한다.
1811	해즐릿의 아들 윌리엄 탄생.
1812-1813	《모닝 크로니클》의 의회 출입 기자가 되어 정치를 비롯한 다양한 칼럼을 쓴다. 런던에서 영국 철학에 대한 연속 강연을 한다. 다양한 연극 비평을 발표한다.
1814-1816	연극 배우 에드먼드 킨이 샤일록 역으로 등장하는 공연을 본다(1814년 1월24일). 《에든버러 리뷰》에 기고를 시작한다(1815년 2월). 《모닝 크로니클》과 《더 챔피언》에 연극 비평을 기고하기 시작한다. 섭정 왕자 조지 4세에 대한 불경죄로 2년형을 받아 수감된 리 헌트 대신 《이그재미너》에 정치, 연극, 문학, 미술 관련 기사를 기고하고 그가 풀려난 후에도 그 일을 이어간다. 『홀크로프트 전기』(1816)를 쓴다.

1815	해즐릿은 워털루 전투에서 나폴레옹이 패하자 비탄에 빠진다.
1817-1818	에세이집 『원탁』 『셰익스피어 극의 등장인물론』 『영국 시인론』 『영국 연극론』을 낸다. 런던 '서리 학회(Surrey Institution)'에서 영시와 희극 작가에 대해 강의한다. 해즐릿과 셸리는 보수 언론 《블랙우드 매거진》의 공격을 받는다.
1818	메리 셸리의 『프랑켄슈타인』 출간. 칼 마르크스 탄생.
1819	『정치 에세이』를 써서 콜리지와 사우디의 반혁명적 글을 비판한다. 다년간 자신에 대한 명예 훼손과 중상 비방에 답하여 『윌리엄 기퍼드에게 쓰는 편지』를 낸다. 『영국 희극 작가론』을 낸다. 문장가로서 해즐릿의 천재성이 널리 인정받는다.
1820	아버지 윌리엄 해즐릿 목사 사망. 『엘리자베스 여왕 시대의 희곡 강의』를 출간한다.
1821	하숙집 딸 사라 워커와 친해진다. 『엘리자베스 여왕 시대론』을 낸다. 《런던 매거진》에 글을 기고하기 시작한다. 에세이집 『좌담』을 낸다.
1822	사라 워커와 결혼하기 위해 스토다트와 이혼하지만 워커에게 청혼을 거절당한다.
1823	이를 바탕으로 자전적 연애 소설 『리베르 아모리스(Liber Amoris)』를 출간한다.

연보

1824-1825	그의 팬인 이사벨라 브리지워터와 결혼한다. 『시대정신』을 출간한다. 유럽을 여행하고 스탕달을 만난다.
1826-1827	『프랑스 및 이탈리아 여행기』『입바른 사람』을 낸다. 이사벨라와 이혼하고 파리로 돌아와 나폴레옹 전기를 쓸 자료 조사에 착수한다.
1828-1830	《이그재미너》에 희곡 비평을 기고한다. 네 권으로 된 『나폴레옹 전기』를 출간한다. 『노스코트 대담집』(1830)을 펴냈지만 판매가 부진하여 큰 빚을 진다.
1830	프랑스의 7월 혁명으로 부르봉 왕조가 전복된다.
1830년	가을에 앓기 시작해 9월 18일 런던 소호에 있는 하숙집에서 세상을 떠난다.

옮긴이 공진호

서울에서 태어나 뉴욕시립대학교에서 영문학과 창작을 공부했다. 윌리엄 해즐릿 에세이집 『혐오의 즐거움에 관하여』 『왜 먼 것이 좋아 보이는가』, W. G. 제발트 인터뷰집 『기억의 유령』, 조지 오웰의 『1984』 『동물농장』 『버마의 나날』, 윌리엄 포크너의 『소리와 분노』, 허먼 멜빌의 『필경사 바틀비』, 하퍼 리의 『파수꾼』, 루시아 벌린의 『청소부 매뉴얼』, 제임스 조이스 시집 『사랑은 사랑이 멀리 있어 슬퍼라』, 월트 휘트먼의 『바다로 돌아가는 사랑』 등 다수의 번역서를 냈다.

영원히 살 것 같은 느낌에 관하여
저항의 문장가 윌리엄 해즐릿 에세이의 정수

1판 1쇄 펴냄 2025년 10월 20일
1판 2쇄 펴냄 2025년 10월 31일

지은이 윌리엄 해즐릿
옮긴이 공진호
번역저작권 © 공진호 2025
펴낸곳 아티초크 (Artichoke Publishing House)

출판등록 제25100-2013-000008호
경기도 성남시 분당구 탄천상로 164, A-303 (13631)
대표전화 031-718-1357 | **팩스** 031-711-1351
www.artichokehouse.com

이 책의 전부 또는 일부를 재사용하려면
반드시 번역 저작권자와 아티초크 출판의 동의를 받아야 합니다

ISBN 979-11-86643-23-5 03800